U0081074

晨讀10分鐘：未來世界我改變

藍偉瑩 選編

目錄

Chapter 2
地方創生

Chapter 3
循環經濟

選編人的話

成為改變世界的力量

文／藍偉瑩

對世界好奇是再自然不過的事情，面對大自然的變化，面對身邊的人事物，能夠吸引我們目光並引起思考的事情很多。不僅是好奇，困惑也是，當事物會引起我們好奇，有可能是這個現象首次被發現，也有可能是現象與過去的經驗相衝突，進而讓人困惑了。對外在世界的好奇或困惑其實是一種生物生存的本能，隨時注意環境的情形，才可能趨吉避凶。或許因為我自己是個對外在世界容易好奇又喜歡探究的人吧，所以總是以這樣的方式在養育自己的孩子，或是培育學生，也不覺有異，然而，隨著教書年資越來越久，便發現學生無論學業表現好壞，具有好奇心且樂於探究的人卻越來越少了。

當學習不再是以培養認識、探究世界的能力與因應態度為目的時，快速取得結果與只關注標準答案的成長模式，造成了孩子們逐漸失去對於世界好奇與困惑的能力，更別說是關注這個世界的變化，甚至是惡化。這些關乎全世界發展或存亡的重要議題往往是大小考試的素材，了解這些議題很可能只是為了取得好的成績表現，當議題與年輕學子間只剩下這種接觸的可能與原因時，對於議題的無感便是自然的事情了，但這樣的無感卻可能帶給環境、他人與自己莫大的危險。

我們不能不給孩子們認識真實世界的機會，因為這些都與他們的現在和未來息息相關；我們也不能不培養孩子面對這些問題該有的能力與態度，因為那將使他們無力去因應例如氣候變遷所造成的乾旱洪災、海洋資源枯竭、糧食或其他資源分布不均等全球性的挑戰，別說生命意義的實踐可能無法達成，連生存都將遭遇威脅。在陪伴各地學校發展課程的經驗中，常聽到校長與老師分享，地區農業經常因為哪些商品比較熱門，大家就一窩蜂全部改種，缺乏永續發展的思維，得面對大環境不確定因素。這類的問題存在於我們與孩子的生活周遭，只要用心就能發現。

從身邊的人、事、物開始接觸議題，是最容易讓孩子們有感的方式，因為這些現象貼近他們的日常生活，場域或問題的描述是熟悉的語言，唯有深刻認識議題，認同意義與重要性，才有可能願意面對它，真正解決衍生的問題，參酌地區的獨特性，試圖找到新的實踐方式。這也是現今許多協助地區發展的NGO、NPO和社會企業所努力的，透過社會設計找到新的可能，比如青銀共居。

教育現場也有越來越多學校帶著學生關注在地重要議題，其中又以偏鄉學校最為積極，因為偏鄉的變化快且明顯，讓人無法不正視與因應。偏鄉學校不僅教授課綱規範的內容，更將在地發展放在心上，思考著如何讓孩子們對自己的故鄉產生認同，未來才能承擔地區的發展。因此，偏鄉的孩子在求學階段便有機會真正認識所在的土地——過去與現在，美好與獨特。或是因為有急迫的威脅，才讓這些地區學校積極的將這類議題放入課程中，然而，那些還未正視的家庭和學校呢？

基於這樣的初衷，本書從全球議題中，選擇三個對於臺灣重要的主題，分別是「高齡社會」、「地方創生」與「循環經濟」。議題不是單一面向的問題，不同議題間經常是相互關聯的，這些議題的產生有其發展脈絡、環境條件、政策擬定、科技演進等，涵蓋的領域包含社會、自然、科技、健康、數學等，解決歷程更可能加入語文、藝術等領域的專業與能力。其中人、事、物的探討如要透澈，不僅是要有可信與豐富的文獻蒐集、詳盡的場域實察與深刻的人物訪談等，對於取得的所有資料進行分類整理，進而系統思考，確認各項因素間的關係，定義真正的問題，接續為了找出合宜的因應之道，再進行一次有關於解決問題的資料搜尋、組織、分析與系統思考，發想新的可能。這樣複雜的議題探究很難在一本書中說得完全，因此本書僅呈現資料素材，期望作為接觸重要議題的一扇窗或一把鑰匙，開啟讀者的認識與興趣，能持續關注這些議題，甚至在現在與未來投入改善或解決這些議題的事務。

本書選文都來自於雜誌報導，讓以學生為主的讀者及早接觸這類不熟悉的主題與文本型態。選文面向與次序安排分別是「議題背景與緣由」、「議題在臺灣的現況」、「國內外實例」與「不同立場的看法」，客觀的提供議題的基本資料與不同立場的觀點，在了解發展與緣由後，比較不同立場的想法，最後形成自己的觀點。

據此，第一個單元「高齡社會」包含八篇文本，依序為「背景說明—高齡社會的產生」、「政策說明—長照2.0」、「實務說明—城市與偏鄉的老後」、「共好實例—有本生活坊」、「他國實例—高齡住宅」、「及早因應—第三人生」、「因應態度—玩到生命的最後一天」、「因應態度—網紅夫妻」，第一篇是說明全世界與臺灣高齡化的產生與趨勢，第二篇與第五篇則是對於臺灣的現況做了政策、政府與民間實務的說明，第六篇到第八篇則談到不同的人如何面對高齡生活，讓讀者對於高齡者有不同的認識。

第二個單元「地方創生」包含六篇文本，依序為「背景說明—人口外流」、「實例說明—家鄉成為天堂」、「實例說明—整合連結」、「現況說明—

解決問題」、「發展關鍵—文創特區的現況」、「發展迷思—打卡熱點」，第一篇與第二篇說明地方創生的產生及面對的挑戰，第三篇到第四篇則以兩個不同取徑的例子，了解地方創生的樣貌，最後兩篇則提出目前已經看見的隱憂與迷思。

第三個單元「循環經濟」包含六篇文本，「背景說明—華麗登場」、「演變說明—都市的未來」、「我國實例—你的垃圾我的商機」、「他國實例—荷蘭的循環經濟」、「關鍵爭議—真的環保嗎？」、「其他思維—夠了就好」，第一篇與第二篇分別談到循環經濟產生的背景，並以日本北九州的發展為例，了解循環經濟發展的歷史與影響；第三篇與第四篇分別以臺灣與荷蘭的實例，說明目前實際發生的情形與好處；第五篇與第六篇則對於循環經濟提出不同面向的思考，認為循環經濟並不能真正解決問題。

為了引導讀者更深入思考，每一篇文章後也提供一組思考問題，每一組問題分為三個層次，第一層是「廣泛理解」的問題兩題，引導讀者仔細思考文本文句或段落間的理解；第二層是「統整解釋」的問題兩題，引導讀者思考文本整體的意義；第三層是「省思評鑑」的問題一題，引導讀者思考文本意義與自身的關係，進而產生反思或行動。這些問題除了可以提供讀者自己思考外，也適合用來親子之間共學，更能夠作為教師課程教學運用。

本書有幾種運用方式：第一，學生自行閱讀與思考問題；第二，親子共讀與討論問題；第三，班級閱讀與討論問題：第四，作為學校彈性學習課程或是選修課程的內容，每週討論一篇，可規劃為一學期的課程，教師也可以結合主題，請學生延伸搜尋資料，將本書作為探究議題的閱讀與討論教材；第五，選擇其中一個單元作為學校彈性學習課程或是選修課程的主題，將本書作為認識主題各面向的閱讀與討論教材，請學生延伸搜尋資料，由教師或學生提出課程要解決的問題，產生實踐行動。本書可依據不同目的，自學、共讀或成為課程都能靈活的運用，藉此擴大學生對於議題的認識、感受與重視。

透過本書開始接觸全球或在地議題只是個開始，生於這個時代的我們，都已經是全球公民，生活在全球化的脈絡下，無論是氣候、經濟甚至於疾病等，都已經不只是單一國家的事情。所以應該要如何讓自己在全球脈絡下自處呢？第一，睜開「眼」：當我們只關心自己的生活，對於社會、國家或國際的重要事件或議題不在乎，我們將可能在掌握訊息不足的情形下，產生不必要的焦慮或恐懼，也可能過於樂觀或無感，或做出不完整的理解與判斷。第二，打開「心」：生活中存在多元文化也是全球化下的必然，即便在臺灣，也有許多族群，如何理解不同文化、不同國家或不同立場的人，以合宜的方式互動，並能進一步尊重、關懷或欣賞他人。第三，轉動「腦」：資訊大量產生下，因著社群媒體與物聯網的發展，資訊的傳播速度與影響已超乎想像，正確的知識來不及擷取，假資訊也難以辨別，培養思辨力是明智生活的關鍵。第四，放開「手」：全球化的挑戰下，人們面對的是過去從未出現的變化，僅僅以已知的知識無法因應，更需要透過實作，勇敢嘗試，才可能找出創新的解決方式。

接觸真實的世界，準備好我們的眼、心、腦與手，改變認識與回應世界的方式與目的，便邁開成為全球公民的步伐。

Chapter 

高齡社會

引言

當長壽成為日常

渴望長壽一直是我們文化的一部分，在閱讀歷史或神話故事時，經常出現關於追求長生不老藥的片段。無論是生活的習俗或禁忌，過年的吉祥話，都反映著內在的擔憂。害怕死亡，除了是不想失去所擁有的，更多的應該是害怕面對未知的狀態，死亡後的世界是什麼？當醫學越進步，人們離死亡相較於過去變得更遠，即便真的生病了，醫療也能夠醫治或延長存活時間，因此，彼此面對死亡，更實際會面對的其實是「老化」。

年紀漸長是生命的必然歷程，關於變老這件事可以用幾個不同的詞彙來說明：「老化」、「高齡化」、「樂齡」、「活躍老化」，「老化」和「高齡化」談的是客觀事實：身體功能退化，年齡增大等，這些無關評價，只是描述狀況；「樂齡」和「活躍老化」則是在期待長者有更好的生活下被定義的，然而長者活得如何與我們何干呢？

二〇一八年，臺灣的老年人口數第一次超越十四歲以下的幼年人口，預計到二〇二六年，老年人將占總人口的百分之二十，臺灣也將正式進入超高齡社會，屆時每五個人就有一個是老年人。甚至到二〇五〇年時，臺灣的年齡中位數將達到56.2歲，成為全世界最老的國家。高齡化成為我們的日常，關注這個議題不是在解決現有的問題，更是在預備我們的未來，如何因應這麼高比例的高齡社會，是一大挑戰。

年輕人在還沒有面對高齡親人的照顧問題之前，多數對於高齡化的議題不太關心，平時與身邊的長輩的互動或關注也有限，對於臺灣有哪些相關政策就應該更無所知了，殊不知這個問題如同少子化一般都是臺灣至關重要的事情。當出生率降低，表示未來勞動人口的下降；當高齡人口增加，代表每位成人平均要照顧長者的人數便會增加。成年人作為國家主要生產力來源下，同時承擔照顧下一代與上一代的責任，要能夠有好的生活品質與身心狀態就相對困難了，這還不包含整個國家需要耗去相當的人事物在此議題上所帶來的潛在負擔。

提早關心高齡化的議題，除了它原本就是生命教育的一環，也是每個人生涯規劃的一部分，幫助自己了解高齡化議題中的必然，也清楚這其中能夠努力的方向。從自身付諸行動便是很好的開始，你可以仔細觀察你的父母，他們的生活除了工作與照顧家人外，有沒有自己的興趣？有沒有投緣的朋友？有沒有固定的社交活動？平常有哪些休閒娛樂？又是如何面對生活上的壓力？如果這些事情你都不清楚，或是答案都不太正面，你也許應該開始擔心，你的父母會有怎樣的老年生活。及早準備老年生活，不只是廣告裡提醒的基金投資、儲蓄或保險，更需要準備的是良好的生活習慣、身心狀態與生命態度。

據此，本章共選擇了八篇文章，希望能夠幫助大家更了解這個重要的議題。第一篇文章便是從高齡化的背景與發展開始，在掌握現況與趨勢之後；第二篇就進入了長照政策的內容與推動，了解國家正在努力的方向；第三篇則探討政策下，都市與偏鄉實際的推動情形與困境；第四篇分別談到的是青年人與社會企業如何投入高齡化產業，讓利他成為實現自我的方式；第五篇以日本的高齡住宅談起，探討不要用對於老人的刻板印象限制了他人的可能與我們的對待；第六篇則引入了第三人生的概念，讓大家重新思考不同階段面對生命的態度與可能，接著便在第七篇與第八篇以兩個故事——葉金川的樂齡生活、日本網紅夫婦的退休人生，從這些人遭遇變化時，如何更認識自己，更努力的享受與把握自己的生命，創造簡單又真實的幸福。

當生命進入老後的階段，你的期待是什麼？無論以何種方式活著，能夠有尊嚴的生活，盡可能維持較長時間的健康，擁有更開闊與自由的心靈，都將讓長壽成為一種祝福，而不是折磨。

當我們開始認識高齡化的議題，便如同以這些內容帶著我們思考與定位生命最後階段的生活，當我們對於生命的終點有更多的思考與想像，我們便更能夠規劃我們現在的生活，每一個選擇、每一個決定、每一個行動都在為我們的老後打下基礎。

新獨立時代

對於「老」這件事，八十三歲的作家黃春明，有著很深的體會。二〇一四年發現自己罹患淋巴癌，他看得很開，「人就是人，該死時就應該死了，我把現在的生命叫作人工壽命，」黃春明說，「如果不去拿藥，就死掉了。」

即使對生死豁達，卻仍必須面對老化。黃春明形容過去的自己是「肉體跑給靈魂追」，有好幾年的時間，雖然住在臺北，一週卻有幾天喜歡一個人開車，沿著蘇花公路，從臺北一路開往宜蘭、花蓮、臺東授課演講。

常常一覺醒來，有種「不知身在何處」的茫然。

但罹癌後，肉體快速老化，他幾乎辭卻了所有邀約。現在的他仍每週到宜蘭一天，因為他創辦的黃大魚兒童劇團、《九彎十八拐》雜誌，以及吉祥巷工作室，還有很多的工作讓他「放不下」。

「我現在有病，回去宜蘭要一個人住，生活比較不方便。」他解釋著。一旁是太太林美音。

他的生活空間，也從全臺到處為家，逐漸限縮到單點。

從中壯年走入老年後，黃春明清楚的知道，新的獨立時代已經來臨。過去身為父母教導小孩要獨立，如今老了，也面臨「獨立」的必要。

老後好不好命，關鍵在自己

「五十、六十歲時聽人家說生涯規畫，四個字聽來像是口號，」黃春明說，「但現在真的要提早規劃，因為有個未來在等我們。先決條件都是要身體健康，不要成為家庭的包袱。」

面對高齡的未來，臺灣顯然要從觀念和文化開始改變。臺大健康政策與管理研究所副教授陳雅美，每年面對二十幾歲的研究生，都會問他們，「想像你活到一百歲，失能了，誰來照顧你？」

每年都有七成的學生回答「家人」，「當你們步入老年，二〇六〇年左右，臺灣的老年人口已近百分之四十，身邊還能有家人照顧嗎？」她反問。

三十歲的人現在就要開始準備老年，四十歲的人更需要加緊腳步，因為擺在眼前的事實是，將下一代從職場上拉回來，對社會經濟會造成重大影響，未來很難再由家人照顧，和子女同住可能是奢侈。

「我們的文化希望子女陪在身邊，老年要兒孫滿堂、含飴弄孫，人生才圓滿，子女也自覺要盡孝心。」陳雅美說。

但在不久的將來，「好命」的定義勢必會隨著時代改變，不是依賴家人，而是依靠社會支援系統。「政府要快點把體系架起來，幫助老人家獨立。」陳雅美說。

隨著黃春明的生命歷程推移，臺灣的社會也起了翻天覆地的變化。根據內政部的最新統計，臺灣在一九九三年時，六十五歲老年人口首度超過百分之七，成為高齡化社會，二〇一八年二月已經升高到百分之十四，成為高齡社會[1]。二〇一七年時，臺灣已成為老年人超越小孩的社會。少子化和高齡化的雙面夾擊，讓臺灣的老化指數在二〇一七年二月破百，達到 100.2，意謂老年人口數第一次超越十四歲以下的幼年人口。預計到二〇二六年，老年人將占臺灣總人口的百分之二十，和日本同樣並列超高齡社會，屆時每五個人就有一個是老年人，到處都需要「博愛座」。

不久的將來，臺灣更將拿下世界第一。根據聯合國人口發展司資料，以年齡中位數觀察，二〇一五年，年齡最老的三個國家為日本 46.5 歲、德國 46.2 歲，義大利為 46.1 歲，臺灣去年達到 40.6 歲，似乎還有段距離。

但以臺灣目前的老化趨勢，到二〇五〇年時年齡中位數達 56.2 歲，從彎道快速超車躍登全球最老的國家，韓國以 53.9 歲居次，日本則落到第三位為 53.3 歲。

到時的臺灣社會，會面臨什麼樣的景況？「我們已經走入不歸路，這是事實，但老人要怎麼辦？」瑟縮在椅子上的黃春明，沉思著。

黃春明曾在二〇〇五年發表一篇短篇小說，內容描述他去日本東京大塚地區拍攝紀錄片時，無意間走入一家咖啡廳。一推開門，放眼望去，在座者中有八成都是老人，或沉思、或呆坐，還有人對著虛空比手劃腳。身型臃腫的老闆也是個老人，只是沒有那麼老。

黃春明將小小咖啡店所展現的老年百態，稱為「沒有時刻的月臺」。「我們現在都在月臺上坐著或走動，班車來了就上去，」他巧妙的用月臺來形容老年與人生，「總是會在這月臺上車的。」

註1　六十五歲以上人口大於百分之七為高齡化社會，大於百分之十四為高齡社會，大於百分之二十為超高齡社會。

當臺灣的老年月臺越來越擁擠，人數已經超過三百一十五萬人，社會也面臨巨變。

晚婚、晚生，又有一雙老父母

過去臺灣農村社會動輒三代、甚或五代同堂的結構，如今幾乎全面崩解。家戶人數在一九九六年還有3.57人，到二〇一五年僅剩下2.77人，一個家庭二到三人成為主流，而老夫妻相互照顧的老老家庭，在過去十年增加幅度高達百分之六十二。晚婚、晚生，又有高齡的父母，黃國珍的處境映照出臺灣中壯年人最真實的一面。

身為品學堂、同時也是《閱讀理解》雜誌創辦人，黃國珍遲至四十二歲才生子，一雙子女仍在就讀小學階段，他不僅要負起養家責任，還要隨時關注父母的狀況。

等到他年屆六十五歲晉升老人行列時，兒子不過才剛大學畢業，準備進入社會。「我現在不僅要照顧爸爸老後，也要準備自己的老年。」從醫療到長照，黃國珍現在就在收集資料，了解臺北的資源。

臺灣到最近才開始覺察認知「老」這件事，「如果我們對老沒有準備，那可能就成為社會問題，社會對老沒準備，就會成為更大範圍的問題。」他說。

老人照顧已經是人人的必修課題，但社會的準備似乎仍不足。政府在過去建構長照長達十年，但多數人仍不了解或誤解長照的用途，甚至是不知道。

一位前政府官員談面對老化，「長照的對象是貧困無依的老人，而我幸而有家庭子女，衣食無慮，故亦無代表性。」字裡行間透露出，他和絕大多數的國人有著類似的想法，不知如何用長照補個人及家庭的不足。

國內多數生病或失能的長輩，最終仍由家庭扛起責任。家庭照顧者關懷總會在二〇〇七年進行調查，有家人失能的家庭約三成聘僱外籍看護工、自行照顧為百分之五十五，而使用政府提供的長期照顧資源不過才百分之十五，包括居家看護、日間照顧等。

勞動力大撤退　每年十三萬人為家庭犧牲

因為照顧資源無法滿足需求，讓勞動力不斷從社會撤離。家庭要獨力照顧，往往有人需要犧牲，家總祕書長陳景寧對家庭照顧者發出問卷，推算國內每年有十三萬三千名工作者，因為要照顧家人而離開職場，「相較日本的每年十萬人，臺灣的狀況看似相差不多，但不要忘記，日本的人口是臺灣的五倍。」

照顧者回到家後平均的照顧年數高達 9.9 年，等到責任結束時，多已沒有能力再回到職場，也沒有退休金作為保障，最終走入貧窮。

甫上路的長照 2.0，能否填補家庭解構的空白尚是未知數。前衛福部次長、陽明大學社會福利研究所教授李玉春認為，關鍵是政府的補助額度要增加，讓人人都用得起。

但制度外，還要多數人懂得運用資源。「照顧者要能善用資源，更要打開家門，讓資源進入。」陳景寧提醒，人生關係進入老年後可能重組，從過去偏重家庭，逐漸轉往朋友、鄰居、甚至專業人員進入，成為支持老後人生的一部分。

活下來的時間，你想怎麼活？

一個新的獨立時代已經來臨，不僅是身體、還有精神上的獨立。黃春明想要做的事情還有很多。他不喜歡用電腦，到現在還保持用手寫作的習慣，邊伸出布滿皺紋的右手五根手指，「再不寫，手都要僵掉。」他寫的童話繪本至少還可以出五本，還有一些劇本要改寫成兒童文學。

「我不想成為家庭包袱，所以能做就自己做。」為了怕「腦筋壞掉」，他隨時提醒自己將遺忘的撿回來，遺忘的字快查字典、遺忘的名字快問出來。

如何讓逐漸老化的身體依然活得快樂有尊嚴？這個世代的人不能期盼依靠子女，更顯得長照2.0的急迫性。

〈禮運大同篇〉的「故人不獨親其親，不獨子其子，使老有所終，壯有所用，幼有所長。」正是新獨立時代所需的互助藍圖。

——本文載自《天下雜誌》六一九期，林倖妃，二〇一七。

偉瑩老師 劃重點

醫療與生活品質提升使得現代人的壽命延長，高齡化成為無法忽視的「事實」，尤其在臺灣，人口結構的變化也衝擊著政治、經濟與社會的發展。掌握現況、未來趨勢與相關因素，是促進國家、社會與自身能夠及早準備與有效面對高齡化的關鍵。

現今多以小家庭的形式組織家庭，青少年生活中不一定有與長者互動的豐富經驗。透過與家中或社區長者的接觸，近身觀察，並與長者互動，不僅可以了解長者的生活與節奏，對高齡化相關議題有更正向的認識與態度，積極的關懷，甚至承擔責任。

1. 根據統計數據估算，臺灣將於 2050 年成為全球「最老」的國家，「最老」的判定是以何種標準？
2. 推算臺灣每年有 13 萬 3 千名工作者，因為要照顧家人而提早離開職場，往往最終走入貧窮，原因何在？

1. 從臺灣人口過去臺灣人所認知的「好命」，其定義到了現在是否還適用？
2. 臺灣的勞動參與率相較於美、日、韓等國家，在參與比率與性別分布上有何異同？四個國家中何者在職場平權上可能比較理想？為什麼？

1. 為何本文的標題會訂為「新獨立時代」？這個主題給你的啟發是什麼？

現在不做長照，再晚就來不及了

「現在是做長照的最後一個時機了，」頭髮微白、六十五歲的衛福部長陳時中語重心長，二〇一七年二月接下部長與長照重棒，「不解決，再晚就來不及了。」

臺灣的銀髮海嘯來得凶猛，戰後嬰兒潮的老化湧現，接續的單身世代也逐漸老去；老老照顧、照護離職、孤獨死或人倫悲劇，重複上演。

長照 2.0 實施一年、衛福部的長照專線「1966」也於二〇一七年底啟動，但民眾對政策仍批「無感」，因服務人力不足。長照的跨界整合也很困難，從中央到地方、由醫療到社福都要牽手；長照政策的改變鋪天蓋地，如同一場社會運動。

自詡為社會運動家的陳時中，面對長照挑戰，卻顯得樂觀。「一開始我們好像在翻一本書，很難翻、很重，壓得大家都喘不過氣，但不會一輩子都這樣；當我們翻過中點後，自然就成功了。我們要撐到那個時候。」他在此刻，如此鼓勵衛福部的幕僚。

時間再往前推進，他也曾如此激勵著伙伴。北醫畢業後，陳時中是個診所牙醫師，但他不滿於此，「我從年輕時，就想做點什麼。」他自此推動許多公共政策。

曾改變臺灣人潔牙習慣

近三十年前，他帶著團隊，跑遍全臺近六百所小學，「想讓全臺灣一半的人愛刷牙！」經過十多年的醞釀，改變了臺灣人的潔牙習慣。

擔任牙醫師公會全國聯合會理事長時，他則推動牙醫總額預算制，但當時有不同聲浪：「理事長，我們錢都不夠了，你還要做總額？」面對異議，他不斷溝通，從和專家學者談，也召開多次地方座談會。一九九八年，牙醫界開健保先例，推動總額制。

二〇〇五年，陳時中從民間團體進入政府單位，任衛生署副署長，踏入政壇的他要扭轉長照局勢，「不單是提供服務，還要注意公平、均勻和永續，這都要在短期內完成。」

從整合醫療與長照開始

但困難的是，推動長照得整合兩塊長期各自為政的體系：醫療和社福體系（長照）。即便二〇一三年，整併衛政和社政的衛福部成立，但兩體系間仍互不信任，業界還批評，「說穿了，就是錢與權的拔河。」讓臺灣長照窒礙難行。

陳時中累積的溝通經驗，派上用場。「部長對社福界稍微陌生點，但他願意溝通，對提出來的問題能明快處理。」社福出身的立委吳玉琴說。她幾個月前發現，社福團體卡在衛福部的核銷制度，過了一季都沒拿到錢，「這對第一線人員是懲罰。」她反映後，陳時中啟動預撥款解決。

現在，陳時中訂下二〇一八年的長照目標：「一月讓改變看得到，年中要能用得到。」今年起，將施行長照支付新制，支付額度較原先約提高一成五，照服員薪資也可望提高，並要成立長照司，作為單一窗口，「民眾有需要，我們的責任是跳出困境，趕快做出服務。」以下是專訪摘要：

❖ ❖ ❖

我當部長最重要的使命，是「整合」好系統。從我寫醫療政策白皮書時，就把醫療、長照及兩個體系的整合當作最重要的任務。一旦效率增加，就能提升照顧品質、減少浪費；有了政績，也易向人民爭取經費，形成良性循環。

臺灣長照的最大問題是整合不足，但老化情況越來越嚴重，現在不解決，再晚就來不及了。

我上臺就宣布，不再劃分醫療或長照，而強調病人的「照顧」為一體：病人有任何需要，專業就填入，不再分你我，建立以「人」為中心的社區照顧體系。這都要在半年內做好：一月讓改變看得到，年中要能用得到。人民有需要，沒那麼多時間給我們，我們也沒有藉口。但整合不容易。我進衛福部的感想是，各部門充滿專業的人，他們執行力強，但因各自對專業的堅持，不容易磨合；但目前衛政和社政已磨合得差不多，今年會建立長照司作為單一窗口。

從社區到醫院的改變

這些過去一直沒做到。因長照1.0，推動十年來預算沒什麼增加，服務供給也不足。

現在有了改變。第一，「長照服務法」通過後，財源已相對穩定[1]。

第二，我們在社區廣布長照ABC。但很多人批評，長照ABC的規格綁很緊。但今年將鬆綁限制，加速布點。例如，過去要成立長照ABC任一機構或據點，得找齊三個層級單位，才能跟政府簽約，但現在將開放讓各單位能分開簽約，增加擴點效率。

最後是宣傳。大家怪我們沒宣傳，坦白講，起初布點不夠，宣傳難，但今年可做得相對好。

註1　長照1.0年約五十億經費，長照2.0二〇一八年已擴增至三百五十億。

長照 ABC 是什麼？我能用到嗎？

單位	A 長照旗艦店 社區整合型服務中心	B 長照專賣店 複合型服務中心	C 長照柑仔店 巷弄長照站
配置	每一鄉鎮市區一處	每一國中學區一處	每 3 個村里一處
服務內容	幫民眾整合 B、C 資源、提供日照中心與居家服務（居家護理、居家復健等）。	日間托老、照顧者喘息服務、社區復健等。	運動等失能預防準備、共餐或送餐、短時數的臨時托顧等。
目前布點數（至 2020 年 12 月）	**748 處**	**8227 處**	**3156 處**
目標布點數	**469 處**	**829 處**	**2529 處**

資料來源：福衛部長長照 2.0 政策專區

第三，醫療體系也在變。臺灣醫院過去多是急性病床，但因應老化，我們希望地區醫院轉型，設立急性後期或亞急性病床——當病人在醫學中心開刀後、過了急性期，可下轉至地區醫院復健；民眾的觀念也要變，不用在醫學中心住到完全好。

醫療和長照的磨合上，我們也推動出院準備、居家醫療及居家護理；病人出院後，社區能接手照顧。這些做好，就能減少病人流浪在各醫院間，或回家後家人不會照顧的狀況。

也有人說，長照 2.0 沒將長照機構納入規畫，中、重度失能者仍等不到好機構或太貴住不起。

長照 2.0 沒顧到重症病人和機構？

我們確實遇到「機構」跟「在地老化」的競爭兩難。我們希望失能者留在社區越久越好，最終無法照顧才到機構。因此，在資源分配上有先後，先布好社區資源，讓大家可用；否則先讓機構進場，臺灣大概會建滿療養院，大家也往那裡送。

我們也不是都沒有做機構或顧及重症。目前低、中低收入戶可申請補助入住機構，但政府遇到的困難之一是：投入重症照顧的民間機構相對少。我們急著讓「長照機構法人條例」通過，讓觀望的私人單位儘快投入[2]。

條例主要的鬆綁，如非公益性「社團法人」長照機構，在提撥一定比例的結餘，用於人才培訓等有助機構永續發展的項目後，可分配剩餘結餘。

這招來外界「營利化」的批評，但我倒不那麼認同。社會要有商業運作模式及企業管理思維，不能老靠政府補貼。當這模式運轉得越成功，才能永續，對社會的回饋也越多。我們一樣會管制，且會訂定長照機構規模的限制。如一間機構在跨縣市據點的床位，總計若超過六百床，則由中央管制。機構大或小都各有它的好，但我們知道，太大，久了會出問題。

民眾關注的還有機構品質。如小型機構有「黑牌床」，這需要全民舉報；否則好學生管得多，不在教室的學生反倒管不著。我們也會繼續管理與評鑑小型機構，未來成立的機構則期待走向法人化。

大家也抱怨評鑑內容越評越複雜，我們將研究一套簡化的評鑑法，並把重點放在「服務」，不然人力用在照顧都不夠了，還要做文書作業。

照顧人力缺口，如何解決？

人力是另一個大問題。我們朝薪水、職涯規畫和榮譽感來解決。我們已改變支付制度，讓照服員能多元分工且薪水不再齊頭平等。如

註2 「長照機構法人條例」已於二〇一七年底三讀通過，二〇一八年實行。

陪伴是依時給付；但洗澡、換尿布等較艱難的身體照顧是按件給付，這能鼓勵熟練的照服員投入，且動作快就能多賺點，也增加效率，服務更多人。

我們也希望照服員有職涯規畫，可晉升管理職或當機構老闆，或設立長照楷模獎，建立榮譽感。

更前端，我們向教育部爭取讓技職教育進來，且大學相關科系要增加實習或工讀，讓學生在求學階段就接觸長照現場，否則只在學校紙上談兵，一脫離學校就回不來了。

這些很困難，但不拚不行。我們的責任是跳出困境，趕快做出服務。

——本文載自《天下雜誌》六三九期，黃惠如、林怡廷，二〇一八。

偉瑩老師 劃重點

家中無論同住與否，長者的照顧都是家庭中人人要面對的責任，除了真正需要被完全照顧的失能長者外，其餘的長者多能如常的生活著。如何透過健全社區的照顧工作，使不同的長者獲得最適切的對待，是現有長照政策規畫與思考的方式。

學校與長照單位同屬於社區的一部分，面對高齡化所衍生的政策、產業或生活方式改變，都可成為學校課程或戶外教育的題材之一，及早接觸這樣的問題，除了能夠促進不同世代的交流外，也能成為未來進行生涯規畫時的重要養分。

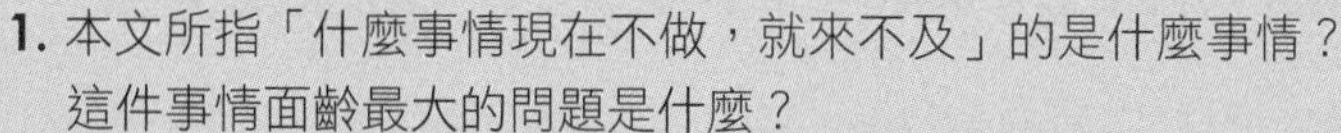

Level 1

1. 本文所指「什麼事情現在不做，就來不及」的是什麼事情？這件事情面齡最大的問題是什麼？
2. 長照 1.0 推動十年來成效有限，為什麼？長照 2.0 的推動有哪些改變的契機？

Level 2

1. 長照 ABC 是什麼？請試著以圖像的方式表達三者之間的關係？
2. 長照 2.0 的策略是先完成社區的布置，再讓機構進場。這樣的規畫有何考量？

Level 3

1. 以長照 ABC 的配置設計，你所在的地區分別會有不同層級的長照單位？學校與長照單位同屬於社區的組成之一，你覺得兩者能有何種連結呢？

城市與偏鄉的老後
讓長者重拾自立能力、不寂寞

黃春明的太太林美音住在城市，一直十分嚮往日本照顧老人的模式。「現在兒子住附近有個照應。但我們老了，總要考慮誰先走，如果最後只有我一人，住在老人院也不錯。像日本那樣，白天有照顧服務員到家裡，提供餐飲、幫忙洗澡。」眼鏡後面的雙眼亮了起來，林美音嚮往的是，年輕志工帶小孩和阿公、阿嬤一起玩，還要有類似「幼稚園」的地方，白天把爸媽送去，晚上再帶回來，「老人所有照顧都在社區，才會有安全感。」

在社區度過老年生活，臺灣正在起步，而臺北無疑是「指標」之一。臺灣的老年人口在二〇一七年二月達到十三點三%，臺北以十四點八%在縣市中排名第五。

擁有醫師背景的臺北市社會局長許立民，把一個人老化的進程視為「光譜」，隨著不同階段進展而有醫療、照顧，甚至安寧的需求，「我們分為健康、安心、尊嚴，而最終是希望每個人能活得久、病得短。」他說。

在健康方面，臺北市給予乘車補助，鼓勵老人家外出活動，包括搭乘公車有六十段次免費，之後每段次八元，坐捷運半價，連搭計程車都打折補貼。

一起吃飯，身心更健康

為了促進長者多參與社會，同時不斷增加共餐據點，預計在今年底達到兩百個據點，以每個長者走路十分鐘的範圍內可以共餐為目標。

健康的時間延長，失能自然延後出現。「一個人進食，不但吃得少，還會慢慢憂鬱，但一群人會邊聊邊吃。」許立民說，老人家在這裡會建立社交網絡，相互關心，「活得長、健康的時間也要長，以延緩失能，是長照體系中很重要的一環。」

將服務送進家門內，是提倡在地老化、讓人「安心」的關鍵。

臺北的老年人口約四十萬，其中失能者有六萬人，這群被照顧的長輩平均八十二歲，而照顧的家人也高達五十六歲。

隨著人口結構的變化，「家人」越來越扛不起照顧的責任。為因應需求所建構的長照體系，在萬華率先試辦社區整合型服務模式，同時提出創新的整合性服務系統「石頭湯社區整合照顧服務中心」。

「石頭湯」直接進入社區駐點，並派駐個案管理師參與評估和轉介資源，包括送餐、居家環境改善，以及居家復健、醫療、護理師、營養師等服務，依照個人需求量身打造。

別讓長輩吃飽睡、睡飽吃

位於中正紀念堂旁的新隆國宅，是典型的中產階級社區。劉智學每天早上趁著太陽仍暖洋洋，會推著輪椅，帶著行動不便的媽媽王蘭芬，到中庭復健。

不過在三個月前，劉智學以為照顧中風多年、逐漸有失智傾向的媽媽，最好的方法是睡飽吃、吃飽睡。「一直以為老了就會這樣，親戚都是這樣照顧家人。」這樣的照顧模式是很多家庭的寫照。然而，吃飽睡、睡飽吃，反而讓老人家的肌肉不斷流失，失能速度更快。

去年十月，新北市身心障礙者福利促進協會受臺北市政府委託，開辦石頭湯，在新隆社區亮起了燈。劉智學好奇上門，「一開始，我認為我什麼都用不到。」

但隨著整合式服務進入，居家營養師教她改變切菜刀法、善用電鍋料理三餐，讓吞嚥困難的媽媽容易下嚥。

居家職能治療師除了教她訓練媽媽起床、站立的方法，為媽媽做髖骨、膝蓋、腳踝復健，同時診斷居家環境，改變家中容易造成老人跌倒的環境和設施。

石頭湯從社區出發，而長照2.0則以鄉鎮區里為單位。架構在長照1.0的「長照2.0」，以A、B、C三級串聯服務，建立系統化社區整體照顧模式，改善過去社區關懷據點、老人服務中心、日照中心、居家護理所、職能治療所等各自發展、服務分散的現狀。

依照長照2.0設計流程，當有照顧需求者向照管中心提出申請，照管專員經過評估後會轉送當地A級單位，確認需求後連接B級或C級單位將服務送入家中。

但因為過於匆促，長照ABC三級模式，需要更多時間填補空白。屬於B級長照專賣店的北護分院，除了提供送餐服務、居家復健和免費的輔具租借中心外，院長黃國晉正緊鑼密鼓計劃轉型成為社區高齡照護醫院，七月開始院內將提供樂齡飲食，將食物質地分成不同等級以供應長輩需要，同時開辦居家醫療，讓臺大醫師出診到有需要者家中。

「目前B點的功能還沒完全發揮出來，」黃國晉坦承，「連我要聘請第一線作戰的照服員協助照顧，到現在沒人來應徵。」

枝幹要先長出來，才會開出花朵，顯然現在還在長枝幹的時候。對立心慈善基金會來說，所提供的服務是以ABC為基礎，但不以ABC為限，因為還有太多配套措施尚未完成整合，總幹事張美珠說，「要容許目前的政策邊走邊修，但如果服務不長出來，那這一切都是空談。」

社區照顧模式　提高長者自立能力

而將視角轉向到偏鄉，長照面臨的又是另一種課題。

二〇一六年十二月，總統到雲林斗六的長泰老學堂，為「社區整合型服務中心」揭牌，象徵為長照 2.0 計畫揭開序幕，要建構「找得到、看得到、用得到」的在地社區化長照系統。

承接中心的雲林縣老人福利保護協會理事長林金立忙得團團轉，因為從成大護理系到衛福部等陸續率隊到訪，都是來了解雲林的社區整體照顧模式，以及林金立從日本引進的「自立支援」照顧技術。

事實上，雲林縣更急於要從長照 2.0 試辦計畫中建立模式，快速複製到所有鄉鎮。因為雲林的老年人口比率僅次於嘉義縣，到二〇一六年底，老年人口已占一七點一％，老化指數為141.9，老年人數遠高於十四歲以下幼年人口，推估失能人口超過兩萬九千人。

「但目前能提供的能量，只有三千人左右，」三月才接任社會處，處長徐忠徹將日托中心、日照中心、養護機構和護理之家算了一遍，「預估需求量相當大，但所能提供遠遠無法滿足，落差還很大。」他毫不諱言。

長泰老學堂本身為老人日照中心，肩負A級旗艦店整合服務的任務。

「社區照顧是跨專業整合機制，而ABC就是整合場域促成醫療和照顧整合。」林金立將A定位為服務協調者，B是區域服務開發和專責分工，C則是預防失能及衰弱衰老服務。

林金立很清楚，作為A級旗艦店，居中協調B和C的資源介入，共同目標是提高長者的生活自立能力，「過去只有居家服務，現在關鍵是引進醫療、居家復健、居家醫療、居家護理等專業和資源進入。」而長泰老學堂就是一個實驗示範點。

獨守空巢　長者不得不自立

八十四歲的林阿花每週三搭交通車到長泰老學堂，在職能治療師的指導下，做能力回復運動，平常有居家服務員到家裡為她洗澡、煮飯、如廁和打掃家裡，「這樣就可以了。」她說。

三年前出了車禍，林阿花臥床很長一段時間，只能靠輪椅行動，三個女兒遠嫁臺中、臺北，最近的也在虎尾，「女兒告訴我要自己學走路，不然從此後都要坐輪椅，還要請外勞，」她堅決回答，「不要。」

獨居、但也不願意聘僱外籍看護，林阿花開始認真學走路，居家服務的進入，讓她不怕沒人照顧，在長照2.0開辦後，個案管理師幫她安排交通接送，到長泰老學堂進行能力回復訓練，以及到牛挑灣巷弄長照站參加活動。

現在的她，不但生活能自理，每天早上起床後，還會拄著助行器在社區運動、和鄰里互動。

社福與醫療資源大整合

為整合社福和醫療，今年臺大雲林分院和成大醫院斗六分院都將加入B級行列，銜接出院準備和居家醫療。

位於林內鄉的同仁仁愛之家（安養兼養護機構）是B級長照專賣店，也是貫徹林金立自立支援理念的場域。早上十點半不到，掛著「同仁社區食堂（複合型服務中心）」招牌的房舍，已經傳出充滿健康氣息的聲音，二十九歲的職能治療師邱建興提高音調，「來，腳抬高，向外伸。」

「中午共餐前，我們會用交通車載送附近的老人家先來做律動。」主任賴婉淑解釋，他們都是社工莊秀如去村里宣導，逐一去家中訪視才願意出門。

一旁的牆面上，掛著長照2.0未來執行服務，包括失智症照顧服務、家庭照顧者支持服務據點、社區預防性照顧、預防失能或延緩惡化服務、送餐、供餐和日間照顧服務，而目前除了送餐、供餐和預防失能服務，其他都尚需進一步建構。

雖然掛牌了，但資源仍尚未補齊。不過，進入同仁仁愛之家，更能了解自立支援的意義，不約束、不包尿布、不臥床，讓原本已經臥床的老人家，從學習坐輪椅，進一步透過能力回復運動能脫離臥床，開始自行吃飯，達到生活瑣事都能自己來。

長照 2.0 的十七項服務中，社區預防性照顧、延緩老化及預防失能服務，都和自立支援有關。

攤開林金立劃定的計畫目標，未來B級長照專賣店與C級的巷弄長照站，配合A級旗艦店整合服務，斗六、林內要從「1A、2B、4C」，在今年底達到「1A、5B、15C」的目標，讓老人在三十分鐘的範圍內都可以得到服務。

「長照 2.0 希望能扎根社區，但雲林的民間團體能量和能力都不足。」

社會處副處長陳怡君坦承，尤其雲林不像臺北地小人稠，服務輸送的成本更是加倍，都成為雲林面對高齡的困境。

對雲林來說，當務之急或許是拉進可用伙伴，從學校到鄉鎮公所，準確盤點需求和可用資源。然而，對林金立來說，支付制度最為重要，依據所提供服務以案計酬，而不是以時計薪，「政府如果提供誘因，就可以鼓勵大家一起發展。」

——本文載自《天下雜誌》六一九期，林倖妃，二〇一七。

偉瑩老師 劃重點

高齡化的問題不只存在於偏鄉，也在都市。長者所處的環境不同，與家人間的互動方式也不同：偏鄉常出現的是子女出外打拼而獨居，而都市則可能是家人忙於工作，而少有親密互動。這些因素使得在相同的長照政策下，發展出不同的關注點與實踐。

由於高齡照顧的需求大，使得政府和民間組織的合作顯得更為密切。然而，民間推動時遭遇的困難與經驗，更需要政府認真聆聽與回應，才能讓長照政策的理想得以實踐。

Level 1

1. 都市和偏鄉的促進長者生活各有哪些作法？
2. 都市和偏鄉的促進長者生活的作法上遭遇到哪些困難？

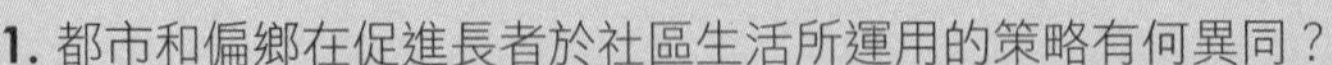

Level 2

1. 都市和偏鄉在促進長者於社區生活所運用的策略有何異同？
2. 無論都市和偏鄉，長者的身心靈都需要有更好的照顧，如果長照 2.0 的整合型服務能如理想般推動與實踐，長者的老後生活會是何種景象？

Level 3

1. 從這篇文本所陳述的例子，你認為不同特性的地區在擬定策略時，會受到哪些因素的影響？

誰說年輕人不做長照？
從換尿管到聽照顧者吐苦水，這家咖啡館全包

長照只能靠政府？現在巷口的咖啡店也能做照護者、長輩的依靠。「照顧咖啡館」證明長照不但能創新，突破打遍電話找不到資源的窘境，更打破魔咒，讓青年踏入長照、老年得到照顧，青銀族都變「鐵粉」。

一家新咖啡館又開幕了。店內有聚會的學生或談公事的上班族，這景

象在臺中逢甲生活圈並不稀奇。但特別的是，不時有長輩或家屬到這找長照訊息和協助，因為它不只賣餐點，還是一間「照顧咖啡館」。

二十七歲、一頭短髮的「有本生活坊」店長李依仁剛招呼完一組客人，「我們是一站式的社區照顧平臺，能把長照送到需要的人家中，家屬不用打上好幾通電話。」

這個單一窗口，想解決家屬的痛。只要長輩的病況改變、家屬有需要，店員就能協助串接長照：從打掃家裡家事服務、讓家屬吐苦水的喘息服務；再到幫長輩翻身、洗澡的居家服務；或買輪椅及申請補助；甚至是換尿管的居家護理。

咖啡館開幕約八個月，已協助不少家庭連結自費或政府的長照資源，且服務多在三天內到位，大大的抒解了家屬過去申請長照資源的慌亂、繁瑣與漫長。

「找不到、等不及、不好用、不合用。」有本創辦人、靜宜大學社工與兒少福利學系教授紀金山想改變長照現況，「當大家都過得不好，這場長照災難會共同面對。」

他參照日本的照顧咖啡館，以「社會企業」的營運模式落地臺中。「我長期教社會企業，卻從沒實踐，接下來我要放生在野地。」

這野地是臺灣的長照現場，他想用創新播種，種出大樹。尤其，他認為長照要永續，不能光靠政府資源，得能自己「呼吸」。二〇一七年四月有本生活坊開幕，營運四個月已近損益兩平。

從詐騙集團到長照便利店

但咖啡館如空降部隊，居民並不熟悉；照顧還很私密、關乎生命，讓居民願意到這裡找資源又更難。「一開始長輩還以為我們是詐騙集團。」李依仁坦言。

他們想方設法讓咖啡館生活化，「沒事來聊聊，有事知道能找我們，」紀金山想讓咖啡館成為長照界的7-Eleven，那樣的便利、無距離。

店員先是積極走入社區，建立信任。從拜訪里長，或一早到土地公廟或公園和社區長輩互動，長輩逐漸接納店員，也將生活圈延伸到咖啡館。

「現在多了一個地方去。」八十歲的蔡老師成了咖啡館的「鐵粉」。退休十五年來，他的生活是到出版社當志工，最近他回家前會先到這喝茶聊天。罹患輕度阿茲海默症的他，每週一還加入咖啡館的音樂輔療課程，讓身體、腦袋動一動，也認識新朋友。

店員還要讓服務更貼近長輩。例如，他們的入行第一關是當家事服務員，「雖說是家事清潔，但我們做得更多。」李依仁舉例，邊打掃邊聊天是絕對必要，這能發掘長輩的生活變化或潛在需求。

店員就曾在打掃時發現長輩的步態不穩，趕緊幫他銜接社區活動，預防失能。這也讓家事服務成了其他長照服務的敲門磚，「願意開門讓我們到家裡，等於把長照的後端系統都打通了。」紀金山說，這是日積月累的相處所建立互信。

每個月，咖啡館還召開平臺會議，集結店員、輔具評估員，或合作的照服員、居家護理師，討論改善方案。

例如，開幕三個月後，他們提出「微居服」的自費服務。當家屬臨時要加班，無法帶長輩回診，或無法到日照中心接長輩回家，店員就出動，補足政府長照服務不見得具備的彈性。「我們樂於傾聽居民的需要，」紀金山說，「填平缺口就是機會。」

咖啡館還打破「年輕人不願投入長照」的魔咒，目前四個正職店員，都是不到三十歲、社工系或老人福利系的畢業生。

年輕人不做長照？這裡打破魔咒

店長李依仁就是一例。社工系畢業後，她曾任照服員，每天翻身、拍背的例行公事，讓她曾想放棄，「我原本覺得做照服員沒未來。」

但照顧咖啡館的模式，讓她對長照職涯有了新想像。「原來長照能創新，甚至能讓人以照顧為業，」她說，「不會讀完四年大學，唯一的決定是放棄這行。」

開店後，她得摸索如何控管咖啡廳的成本、研發適合長輩的菜單，或改善長照的串接流程，而不只是例行公事。她還正在擬定店內的培訓與升遷制度——從家事服務員、副店長、店長，再到店長教練，吸引新血。「一直很有挑戰，但我喜歡從零開始的感覺。」她說。

下一步，咖啡館將在將在臺中梧棲擴點，但紀金山想讓它遍地開花，「二〇一八年年底將在臺中開五十家、兩年後全臺開兩百家。」

這是夢想或能實踐？正考驗著這群長照界的新面孔。

——本文載自《天下雜誌》六三九期，林怡廷，二〇一八。

偉瑩老師 劃重點

老化是每個生命最終都會面臨的問題，其中該要關注的對象不僅是長者，對於照顧長者的家屬更應該給予必要的關懷與協助。為長者營造更友善的環境，為照顧者提供更多的支持，是每個文明社會應當努力的目標。

長照咖啡廳以社會企業的方式經營，「社會企業」是一種同時具備社會關懷與獲利的公司型態組織，將一般企業應盡的社會關懷責任（Corporate Social Responsibility），發展成為能夠永續經營的商業模式。近年來，這樣的經營模式成為越來越多企業追求的目標，也為年輕人投身長照工作開啟了另一種可能。

延伸思考 Q&A

1. 長照咖啡廳提供的服務項目包含哪些部分？
2. 靜宜大學社工與兒少福利學系教授紀金山為何要創辦長照咖啡館？

1. 長照咖啡館從開始設點到穩定發展，這一路走來，社區居民對於咖啡館的態度有什麼樣的轉變？為什麼？
2. 相較於本單元第二篇與第三篇所提及的長照 2.0 中 ABC 三級機構，長照咖啡館與它們有何異同？

1. 你認為長照咖啡館的設置是必要的嗎？

入住率第一的高齡住宅！老了、失智也能冒險如「初戀」

有一天老了，你想要怎樣的家？有朋友、有個人空間，能自己決定，也有人遠遠關照。日本的高齡住宅不為照顧而限制生活，創造社區與長者的自然互動，組成每人都幸福的家。

接近中午，東京近郊的千葉縣浦安市，一向靜謐。但在高齡住宅銀木犀裡，不斷傳出熱鬧的歡笑聲。千葉縣出生長大的銀木犀社長下河原忠道，正在用全新的創意回饋鄉里，讓長者們在人際連結中找到慢老的樂趣。

門口擺滿各式各樣的糖果，這裡是四十五位爺爺奶奶的家，也是附近小學生最愛的地方。八十八歲的住戶式守悅子偶爾會擔任店長，坐在收銀臺看著孩子們嘻鬧，互動裡流瀉出滿滿的人情味。再往內走，室內裝潢以淺色木頭打造，乾淨而明亮。沒有多餘的擺飾，幾張大圓桌加上大片玻璃窗，中午時化身餐廳，提供住戶和客人共餐；下午小朋友放學後，則是孩子的玩樂場；每週還有瑜伽、舞蹈課程固定在這裡舉辦。

創造鄰里想來的空間

住在銀木犀的爺爺奶奶們，約七成患有失智症。這種社區活動中心的設計，讓他們就像管理員，隨時都在，每天都能和不同的「家人」相處。

這是下河原的小巧思。因為老人腳不方便，就廣邀眾人來「作客」，「與其刻意創造活動，不如自然的創造空間，就能讓大家跟住民一起互動。」

銀木犀是日本連續兩年入住率第一的高齡住宅，目前有十二個據點。要住進銀木犀，一個月約花費二十萬日圓。下河原說，現在已有賺錢，但未來目標擴增到二十間，才算穩定。

四十八歲的下河原並沒有醫療背景，他出生鐵工業家族，以生產薄鐵板為主。下河原在創立銀木犀之初，就因此減少了大量的建築成本。

作為一個企業家，下河原看到日本的高齡現況，進而參考各國高齡住宅的做法，發現丹麥在九〇年代後，改變把高齡住宅當監獄的做法，提倡「老年住宅環境是生活的一部分」，而日本也跟進。

越自由，其實越難管理。「高齡住宅裡很多人插著管子、躺在床上，照顧起來方便，這真的好嗎？」下河原帶著質疑，改變做法，希望在賺錢之餘，要做一個「讓每個人都覺得生活很幸福的住宅」。

因此銀木犀最大的宗旨，就是給予老人自主空間。日常生活裡，如吃飯、端餐盤、洗衣服等，非必要時，都得自己來。

失智不是世界末日

沒有太多的生活限制、醫療介入，食物也沒有特別調整。因為相信老了、失智了，還是有很多能獨立完成的事；老人也會因工作而有成就感，願意不斷嘗試。

例如住宅附設的糖果屋，一個月就能創造五十萬日圓的收益，不時有爺爺奶奶願意充當店長，結帳動動腦。下河原說，五月中在不遠的船橋市，新的銀木犀據點也將落成，一樓更直接作為小火鍋店，讓住戶們能當店員、一起參與付出。

一般人綁手綁腳的擔憂，例如老人受傷、跌倒，下河原說自己想都沒有想，銀木犀希望能分擔風險，而且「老了、失智不代表沒有冒險權利。」

下河原也發現，日本社會對於失智症的偏見越來越嚴重。「很多人覺得一旦失智就完了，其實失智症惡化很大的原因是環境，不改變周遭的態度，他們是不會快樂的。」因此，下河原與失智症病友團體合作，推動

「失智症VR體驗會」。只要戴上VR眼鏡，就能體會失智症患者的日常：忘記自己在哪、眼前的影像消失等。親身體驗之後，刻板印象不攻自破。

從二〇一七年舉辦至今，失智體驗會已超過三萬五千場，一場成本花費動輒二十到五十萬日圓，但不少企業、醫院、照護機構都願意贊助支持；海外合作也不少，二〇一九年五月在臺灣也有三天展期。

銀木犀打破高齡住宅的傳統，不再處處為了照顧而限制老人，在營運效率與老人需求上，透過溫暖人情味取得平衡。「銀木犀的花語是初戀。我喜歡看到每個人都很開心，這是最讓我快樂的地方。」下河原說。

——本文載自《天下雜誌》六七四期，陳潔，二〇一九。

偉瑩老師 劃重點

人權是所有人與生俱有之權利，長者無論身心狀態如何，作為社會的一員，他們與其他年齡的人們一樣，有權享受個人尊嚴和人格的自由發展所必需的經濟、社會和文化方面各種權利的實現，也包含可以自由參加社會的文化生活等。

讓長者擁有受尊重與良善的環境與生活，是對於他們的基本尊重，努力創造更好的高齡住宅環境不但能夠減緩老化的現象，更能讓長者與他人產生更有意義的互動，讓原本缺乏活力的高齡生活，有了豐富的色彩。

1. 企業家下河原創立銀木犀的初衷是什麼？
2. 下河原為了改變日本社會對於失智這件事的錯誤想法，他做了什麼努力？

1. 銀木犀的空間規畫與活動安排如何體現下河原創立銀木犀的初衷？
2. 這篇文章的標題為何是「老了、失智也能冒險如『初戀』」？

1. 多數人對於老化都存在著負面的看法，認為時日不多必然心境悲戚，甚至認為老化有許多病痛，無法有好的生活品質。你認為社會在對待長者與其他年齡層的人需要有不同方式嗎？不同方式的背後考量是什麼？

第三人生再度燦爛

「知道怎麼老，是智慧的傑作，也是生命這門偉大藝術最困難的章節之一。」瑞士哲學家阿密爾（Henri Frederic Amiel）說。

這句話對於臺灣五十歲以上的八百六十九萬人來說，正中心懷，也道出他們如何過下半生的茫然。

第三人生，讓長壽成為祝福

這個年代已是人類史上第一次「長壽不稀奇」的年代。美國退休協會

（AARP）執行長詹金斯（Jo Ann Jenkins）指出，受惠於科技發達，人類變得更長壽。如果你今年五十歲，將還有三、四十年的歲月要度過，人類的中年期被拉長了，人生出現的新階段，開啟了無限可能。

臺灣人平均壽命 80.4 歲，其中男性 77.3 歲、女性 83.7 歲，皆創歷年新高，高於全球平均水準。

根據國發會調查，二〇一八年，臺灣六十五歲以上高齡者占比已升至十四點五％，正式進入高齡社會，且估計二〇二六年將達百分之二十以上，成為「超高齡社會」，每五人中就有一位老人。

臺灣五十歲以上的人口已高達八百六十九萬人，越來越長的壽命，讓中年時期的籌謀、老年之後的生活，成為每個人必須提前面對的挑戰。有人將之比作「人生下半場」，而愛爾蘭成人教育學家凱利（Edward Kelly）

則稱為「第三人生」（The Third Act）。第三人生和第三歲月（Third Age）不同，每個人只要活得夠久，都會有第三歲月；但不是活得夠久的人，都會有第三人生。這兩者最大差別，就是能不能再次成長、心境成熟、擺脫世俗眼光，發展出真正的興趣，並且能助人、傳承、貢獻自己，這樣的人才叫開創第三人生。

凱利用 act 而非 age，就是因 act 當名詞時，可用來指戲劇中劃分段落的「幕」，當動詞時則有行動之意。這是段不行動、就沒有收穫的時期，不只年齡漸長，心理狀態也要進化得更獨立，也更「利他」。

凱利進一步解釋，長壽是這個時代的新現象，所以第三人生的概念也是新的，「我們該做的第一件事，就是意識到長壽已改變了我們的生活視野。我們無法避免。因此，更應持續成長、進化，回歸我們內心深處身而為人應有的模樣：更平靜、智慧、善良、勇於去愛。」

職涯上升期，就該開始行動

台積電創辦人張忠謀曾言，假如沒有五十歲的徬徨，他就不會離開德州儀器，創辦出台積電。他曾引用邱吉爾的詩，形容自己在德州儀器的二十五年，「黃金般的晨潮／黃銅似的午潮／鉛般的黃昏／但是，無論它是什麼金屬／我都盡力擦磨／使每一個金屬發出它特有的光芒。」

張忠謀說，「退休不是結束，是另一個開始。」

日本趨勢大師大前研一也認為，五十歲是人生「重新開機」。他說，「五十歲的心志別做枯木，做開在原野的花朵吧！提出你的生命智慧與養分，在身邊栽種、培育下一個世代的種子，改良身邊土壤的質地。」

大前研一之說，其實正呼應凱利口中，第三人生的精髓。凱利使用典型「三幕式」英美戲劇來比喻：人們在人生第一幕開始塑造自我性格，形成個性，逐漸成為可融入世界的獨立成年人；在第二幕和第三幕，生命一切事物都會讓人自我反思，與心理發展呼應。

「因此，第一人生是依賴、第二人生獨立，第三人生才是相互獨立（Inter-Independent）的互助共生階段。但如何從第二人生成功轉換至第三人生，是現代長壽人的一大挑戰。」凱利表示。

「人類的生理狀態會退化，但心理狀態會持續提升，因此如何達成生理、心理平衡，才是第三人生最大關鍵。」凱利說，除了心境獨立與個人成長，最重要的是必須理解，人與人之間是相互聯繫的存在，在社會中彼此協助、產生貢獻。

要怎麼開始？凱利引用歐洲最富盛名的管理思想家、管理學大師韓第（Charles Handy）的S形曲線（sigmoid curve）：提前做出改變。

改變的時間點，就是你現在的人生穩定上升期。此刻，便要有意識的開始進入「過渡期」。凱利說明，「這將增加第一條曲線下降的可能性，即使它出現了，我們已身處下一條曲線上，持續的成長、攀升。」

提早準備，才能順利進入「第三人生」

愛爾蘭成人教育學家凱利的人生三階段

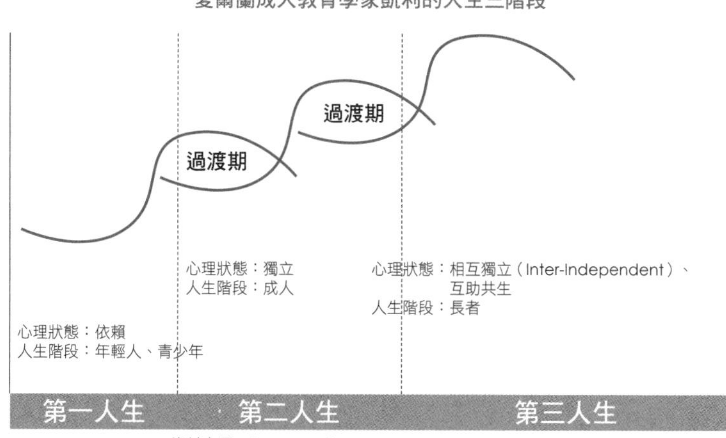

資料來源：On Becoming an Elder by Dr. Edward Kelly

凱利的理論，影響了美國影星珍・芳達（Jane Fonda），她二〇一一年出版《黃金年華》（*Prime Time*）一書，專寫第三人生，鼓勵大批退休的嬰兒潮世代，活出更精采、更健康、更快樂的老年時光，她說，六十歲後才是活出自己的關鍵時刻。

書中，珍・芳達指出看待生命老化的方法，也有一種爬階梯模式，意即讓自己的生命一步一步往前發展，向更高境界邁進。珍・芳達分享，我們的文化一向著迷於青春，老化被視為肉體的衰亡。但階梯模式可以讓人在老年時，即使視茫髮蒼，也有機會再造巔峰，「我們應當將第三人生看成爬樓梯向上的過程，獲得精神充實和內心平靜，創造出全新人生。」

珍・芳達演舞臺劇、努力運動、注重飲食，睽違四十年後再度嘗試用法語演電影、打網球、學踢踏舞。二〇一八年的奧斯卡金像獎上，高齡八十歲的珍・芳達，一襲銀白禮服吸引全球媒體及時尚界目光，她神態自信又高雅，被網友讚譽為「打趴所有年輕女星」的最美女人。

「現在我正處於第三人生，」珍・芳達在TED演講上說，「我快樂得不得了、感覺非常安穩。我發現當內在也相對成熟，恐懼感會跟著消失，你還是你，甚至可能更接近自己。就像畢卡索說的：經歷歲月後，才能變年輕。」

前衛生署長、現任臺灣高齡化政策暨產業發展協會理事楊志良，年屆七十，還穿上了橄欖綠西裝、戴上花俏領結，在「親愛的，我老了」特展伸展臺走秀，一時蔚為話題。

感覺被需要，自我感覺良好

楊志良笑著說，自己要當「活躍老人」，他鼓勵七十歲的爺爺奶奶上臺走秀、擔任展覽志工、交朋友、說出自己的人生故事。「退休人最想做的事其實是再就業，就跟電影《高年級實習生》一樣，多與人互動、多學習，就會快樂。像我就覺得好多人需要我，退休到現在自我感覺都非常良好，哈哈哈哈哈！」

楊志良強調，「很多人五十歲才創業，八十歲才真正退休，川普七十多歲當總統，馬來西亞總理馬哈地都超過九十歲了，所以第三人生可以很有趣，重點是要怎麼活才活得有意義、有貢獻！」

全球女性和平促進會（Global Peace Initiative of Women）共同主席齊

諦斯特（Joan Chittister）在《老得好優雅》書中進一步闡釋：年齡屬於生物、精神屬於永恆。為了在明天成為比今天更好的人，人們必須有夢。不論身體年齡多大，都必須繼續夢想，思索什麼是值得擁有的，以便盡自身力量，使之成真。

第三人生，未必就是五十歲後的老年、或退休後才要思考的歲月，而是在人生某個節點，覺察真實的自己、探究存在的價值、追尋內心深處的嚮往，並勇於做出改變，讓自己和他人的生命，都因為這個轉變，更趨於圓滿。如同齊諦斯特所言，「這段歲月的福賜是，有能力去夢想，還有自由讓我們的世界聽見反省的聲音、理智的聲音、感情的聲音、覺知自己有錯，而厲行改正的那種震耳欲聾的聲音。」

中年之後，不是老去，卸下人生該盡的義務與承擔，最好的日子還在前面呢！

該行動了！五十歲就為第三人生做準備

凱利所提出的「第三人生」概念，成功在美國、英國和歐洲被廣泛引用。

凱利指出，在美國，達六十五歲傳統退休年齡的人，百分之七十都想繼續工作。有百分之五十的人希望做一些全新的、不同的事情，也有百分之五十的人希望留在自身專業領域，但工作壓力和工作時間更少、更靈活。這代表，社會和企業應有更多相應的組織、團體，為這群更具備人生智慧、可以傳承與交流經驗的長者，提供更多適當而彈性的工作機會。

歐美一項針對一萬八千名二十歲至七十六歲成人所做的「心智發展研究報告」顯示，有百分之三十四處於依賴狀態，百分之五十六為獨立階段，只有不到百分之十的人成功轉換成相互獨立（Inter-Independent）階段。但現代人類越來越長壽，提高這百分之十的比例，以達成「老有所用、退而不休」，更顯得刻不容緩。

「在多數社會中，獨立被認為是成人發展的巔峰，但它並不是心理上發展的頂峰，人們應該要持續成長、挑戰自我，同時理解彼此是相互聯繫的存在，做出更多貢獻。」凱利呼籲政府、社會和企業，都應開始成立「第三人生」訓練機構、培養「退休計畫教練」，來協助初老者提前思考未來、安排個人發展計畫，找到自我認同並回饋社會。

——本文載自《天下雜誌》六六六期，鍾張涵，二〇一九。

偉瑩老師 劃重點

常聽人說「智慧隨年齡增長」，但真的是這樣嗎？人生在不同階段除了身體發展上的差異，心靈的成長也隨著挑戰與責任而有不同，有人希望回到小時候，有人則希望長大，但好與壞似乎是我們如何看待生命的意義。

第三人生便是提醒我們要以新的態度與方式面對生命的階段，心境的轉換會讓人以不同的態度面對生活，更積極的回應這個世界，承擔起讓彼此生命更美好的責任。

Level 1

1. 「超高齡社會」的定義是什麼？臺灣預計何時將進入超高齡社會？
2. 何時要開始準備「第三人生」？

Level 2

1. 「第一人生」、「第二人生」與「第三人生」的差異是什麼？
2. 如何界定人生是否進入了「第三人生」的階段？

Level 3

1. 愛爾蘭成人教育學家凱利認為「第三人生」的階段是如果不行動、就沒有收穫的時期，不只年齡漸長、心理狀態也要進化為更獨立也更「利他」。「利他」這個概念是從小就被教導的概念，長輩常告訴我們要做對他人有益的事情，「第三人生」又特別強調這個概念，你認為這裡所指的利他是什麼？為何要特別強調呢？

罹癌後的人生
葉金川：玩到最後一天

SARS時期的「抗煞英雄」葉金川，專業公衛背景、犀利的領導風格，是醫界、政壇的「頭號救火隊」。六十五歲罹癌，讓葉金川從當年的「葉老大」，澈底變身「任性」的夢想執行家。登百岳、高空跳傘、獨木舟，期許自己能「一路玩到掛」。

早上七點，平時熱鬧的信義區還在沉睡，最美的風景，是早起運動的年長者們。從崇德街口一路往上坡行，不少人慢跑、騎車、散步。慈濟大學公衛系榮譽教授、中華血液運動協會理事長葉金川也在其中。他與妻子，臺大護理系退休教授張媚，總會一起走上六到八公里，用一個半小時健走來開啟新的一天。

個頭不高、黝黑的皮膚、炯炯有神的大眼，再加上一身標準的黑色自行車衣褲，屬虎的葉金川今天六十九歲，身材卻像二十多歲的小伙子。

這位「運動狂人」花了四十年，在六十歲爬完百岳；他有一張人生必做清單，寫下天馬行空的夢想：三千公尺高空跳傘、划獨木舟、慢跑、游泳、自行車、衝浪……，充實「退而不休」的每一天，積極讓自己「老而不衰」。

做事堅持、犀利，帶領健保局的葉老大

這完全顛覆了所有人對葉金川的印象。

提起他，每個人都能說出幾個關鍵字：知名公衛學者、馬英九的好朋友兼頭號救火隊、全民健保籌備者；最為人所知的，是SARS時期坐鎮和平醫院的「抗煞英雄」。二〇〇三年四月，SARS爆發，和平醫院內大規模集體感染，一時之間人心惶惶全亂了套。當時在花蓮慈濟大學教書的葉金川，如救星降臨，以專家身分二度入院指揮，重組、有效控管人力並穩定民心，在兩週內解除危機。

他冷靜、果斷、勇敢踏入疫區的形象深入人心；身邊的人叫他「葉老大」，因為他有指揮全局的能力與魅力。但葉金川最驕傲的，其實是讓大

眾理解、熟悉全民健保。

一九九五年，全民健保開辦，葉金川擔任健保局總經理。歷時三年沒日沒夜工作宣導，健保才慢慢起步。他形容全民健保就像喜馬拉雅山。「你已經爬了聖母峰，還有什麼山可以爬？」完成最難的挑戰，其他工作就都不可怕了。

「他是個槓子頭（形容人硬脾氣），這是好話。健保起頭難，當時很多反對聲音；他非常堅持，該做的就做，非常清廉！你看健保局從來沒有醜聞。」醫界都知道，臺灣高齡化政策暨產業發展協會理事楊志良，和葉金川是志同道合的「鬥嘴」好友。

在楊志良口裡，又見當年那個親上火線、為他人所不願、不敢為，犀利堅持的葉金川。跟眼前這位說話慢慢的、甚至有點無厘頭的「葉老師」，很不一樣。他的生活愜意自在、努力運動，彷彿又回到學生時代。

小孩背不動，驚覺體力大不如前

葉金川大學時，就對山有特別的迷戀，爬完百岳是他的夢想清單第一條。身為臺大登山社成員，前副總統陳建仁也是他的社團學弟。

在同學眼中，他跟運動畫上等號。「他很愛運動，個子小小的，一下課就抱著足球，跟一群人去踢！」大學同班同學，現任亞東醫院院長林芳郁回憶。

一九八一年，葉金川哈佛大學流行病學所畢業，回國就風風火火走進職場，擔任醫政處長、籌備全民健保。忙亂生活下，跟多數人一樣，運動也成為生活中不太重要的小事。

直到四十歲那年，小兒子出生，他才驚覺體力大不如前。「我背小兒子，一開始覺得好輕，背到十公斤會喘；到二十五公斤，我已經背不動了。」這才讓他決心重啟百岳計畫，再花二十年，終於達成。

六十五歲罹癌，越老越會玩

葉金川是個不按牌理出牌的人。這個臺灣大學醫學系第二屆畢業，卻沒當過一天醫師的公衛學者，總是「想到什麼就做什麼」，而且全心全意。他的「葉金川部落格」裡，詳細記錄自己的所思所想，筆觸生動又帶點趣味。

例如二〇一三年，他寫下「給兒子們的一封信」，認真交代「身後事」。叮嚀兒子每週回家見媽媽、將他部分骨灰灑在合歡北峰，強制兒子每年登山看他；另部分灑在海中，因為「吃太多魚了，想回敬給魚」。如此突然，竟是因為騎自行車摔車，肩胛骨關節脫臼。「不只有點糗，還逼得我趕快把這封信寫完，免得心頭有事未交代清楚，晚上睡覺睡不安穩！」

六十五歲生日前，葉金川遇上人生彎路：淋巴癌第二期。幸好發現得早，治療半年就完全康復。

別人把罹癌當成世界末日，他卻總是笑笑面對，「得到癌症，我從此有任性的本錢。沒有人敢管我，還好我有得癌症！」葉金川開玩笑說。雖然他原本就過著「半退休」的愜意生活。

除了臺北，他在花蓮也有一個家。年輕人認為「好山好水好無聊」的地方，對興趣是爬山、游泳、騎自行車、划獨木舟的葉金川而言，他形容花蓮是「天堂」。

葉金川坦言，罹癌斷了所有慾念，現在只希望「自己快樂」、「好好安排自己時間」。除了寫書、主持基金會，慈濟任課，他一週健走三、四天，每年暑假都會安排一個月的旅遊，在異國「long stay」，一個月至少一次過夜登山，讓他直呼「我現在的生活真的很自由！」

積極運動，不怕死只怕苟活

人生逼近七字頭，又經歷癌症洗禮，葉金川說自己不怕死，只怕失能失智。「死一個就少一個啊！可是失能失智是不好不壞、不死不活的拖著，那是一種凌遲！」

老化是必然，但如何避免三高、失能失智，葉金川說，「醫生只能讓你死不了，健康要靠自己。」要想「老而不衰」，就得靠運動。

「我不喜歡 stick（侷限）在一種運動，也要多跟年輕人一起才行。」葉金川說自己有山友、跑友、車友，甚至酒友，成員幾乎沒有重疊。

「沒有他的鼓勵我爬不了玉山！」楊志良也是山友之一，兩人至今仍會相約爬郊山。他說，葉金川擔任領隊，常跑在最前面。「他體力好，我爬上去，他已經上下兩次了！」

人生夢想清單，效法《一路玩到掛》

為了不留遺憾，葉金川從五十多歲開始，著手「人生夢想清單」。「有正經的，也有搞笑的，夢就是要往前看。」他相信夢想久了，堅持去做就會成功。上面第一條：完成百岳，其他如每年一次全程馬拉松、鐵人三項、去馬丘比丘和非洲吉力馬札羅山、海洋獨木舟；小到做麵包、吹薩克斯風、煎一條魚、煮菜……。前年他到紐西蘭挑戰三千公尺高空跳傘，還只是臨時起意，根本不在清單內。

清單上的夢想有些達成，有些還在延宕，內容也會隨時間不斷更新，「我本來說七十歲要到合歡北峰吹薩克斯風，現在都還沒開始學，還要跟別人三重奏，奏個鬼啊！」他搞笑自嘲。

但當問到又挑戰危險運動、又公開遺囑，家人怎麼說？原本歡樂的氣氛一下子凝結起來。「沒說什麼啦，阿這（遺囑）怎麼談？就用寫的啦！」葉金川表情嚴肅，許久才吐出這句話。

昔日醫界老大，如今任性瀟灑的夢想執行家，碰上家人，也只能稍稍收起任性，用寫的表達其志。但這改變不了葉金川對未來的期待：「最好能玩到人生最後一天！」

——本文載自天下 Web only，陳潔，二〇一九。

偉瑩老師 劃重點

很多青少年都渴望著長大，終於可以當生命的主人，有賺錢的能力，自己安排時間，也許就能夠「玩到人生最後一天」。然而，生命的「玩」有很多層意義，從最容易聯想的休閒娛樂，到按照學校或職場遊戲規則的「玩」，隨著責任越多，多數時候的「玩」可能是突破生活的挑戰。

這種人生態度不只老後適用，年輕人亦然，如果能夠把生命中每次遇到的困難都視為一種遊戲的關卡，那麼人生便有很多好「玩」的事情，看待生命也能有更豁達的視野與視角了。

1. 葉金川前部長身邊的朋友對於他的個性有許多的形容，從文中所描述的生平事蹟，哪些可以看出他的個性？
2. 成人常常因為生活的忙碌而開始忽略運動，喜愛運動的葉金川前部長也不例外，是什麼樣的契機讓葉前部長又開始挑戰登百岳？

Level 2

1. 葉前部長發現自己罹癌後，面對人生的態度有哪些轉變？為什麼他要說「還好我有得癌症」？
2. 葉前部長說生病的好處是「有任性的本錢」，這裡所指的「任性」是什麼？

Level 3

1. 至 2020 年為止，癌症已經蟬聯 37 年國人十大死因的榜首，癌症奪走許多人的生命，也使得許多家庭生活劇變。生老病死是生命中必然的過程，從葉前部長的故事中，年輕的你如何思考面對人生重大變故時的態度？

白髮穿搭迷倒全球八十萬粉絲
六十歲網紅夫妻 bonpon 做了什麼？

在滿頭白髮的年紀，日本夫妻檔 bon、pon 卻比年輕時更時髦，連在住家附近也用心打扮，以活潑的情侶裝穿搭，風靡八十萬粉絲。品牌上門合作，意外圓了妻子的服裝設計夢，但他們從未忘記初衷：把時間留給彼此，就是最快樂的時候。

結婚三十九週年前一天受訪的 bon、pon 夫妻，在電話的那頭坦言，

「真的非常意外。」

兩年半前，他們開始玩 Instagram，只是為了記錄夫妻生活，沒想到會吸引近八十萬人追蹤，成為日本最紅的銀髮網紅夫妻[1]。

五月十一日結婚紀念日當天，他們透過「bonpon511」的帳號，再度用擅長的情侶裝穿搭造型，分享健康而樸實的兩人生活。

以 bon 為暱稱的先生一身格子襯衫，配上太太 pon 一襲格子連身裙，這也是他們跨足服裝設計後，和品牌 Sunny Clouds 合作打造的新產品。但兩人說什麼也不願透露真實姓名，只以 Instagram 的暱稱，保護平凡的老後人生。

一頭白髮配上紅襪、文青風格的圓眼鏡，Instagram 上不只記錄了他們玩情侶裝穿搭的創意，還有步入退休生活的種種摸索。

bonpon 暖色系的風格，連韓國觀光公社都上門合作，邀請他們訪韓七天，在 Instagram 寫下每日遊記。

「一輩子活得普通的我們，人生卻在過了六十歲後遇上巨大的變化，實在令我們嘖嘖稱奇。」兩人在《第二人生，你好》書中寫到。巨大轉變的第一步，就是拋開過去，決心斷捨離。

在廣告公司做設計的 bon，時常工作到半夜，每天只睡四個小時。過了六十歲之後，薪水只剩一半，但工作內容卻幾乎沒變，讓他決定提早退休。

註1　截至二〇二一年四月，bon、pon 夫婦在 Instagram 上的追蹤者已超過八十二萬人。

精選生活，從鄉下搬進都市

正好碰上同居三十年的母親辭世，兩人討論之後決定，既然兩個女兒都已成年、各自生活，夫妻倆不如就移居，開啟極簡化的兩人一貓生活。

許多人選擇在退休後離開都市，回鄉下種菜，bonpon 夫妻卻從秋田鄉下搬到便利的仙臺市區，只希望不管再老，都能生活自理，不造成女兒們負擔。

為了不把整理的辛勞留給女兒，兩人毅然拆掉了秋田老房，斬斷所有留念，無論住家或物品，都徹底清理乾淨。

老舊、捨不得丟的書本雜誌、畫作、堆積的布偶與雜物，都忍痛放棄，家具、餐具縮減到十分之一，只留下真正必要的東西。看著同住的母親日漸衰老，失去行為能力，是他們為老後生活感到不安，決定搬家重新開始的動力。

兩年前，他們搬到姊姊家附近，一個挺過三一一地震而饒富人情味的老公寓社區。

過程中，他們重新設計自己的老後生活，從花瓶、桌椅到地板、沙發，設計和美術出身的兩人，認真討論色調與搭配，要「精選」出理想的簡單生活。

不過，在 bon 正式退休、兩人搬家前一個月，Instagram 的追蹤人數就已經突破十萬，吸引來自日本雅虎及臺灣、新加坡等海外媒體的關注。

接受白髮，挺直腰桿玩穿搭

迅速走紅的背後，是兩人從外型到生活節奏的澈底改造之旅。

五十二歲開始，妻子 pon 發現染髮會讓頭皮過敏、掉髮，因而決定和白髮共處。只是，滿頭白髮的外表，還是觸及了兩人對「老」的掙扎。他們不想變成「老爺爺、老奶奶」，於是捨棄過去隨性的T恤、牛仔褲，重新尋找簡單又時髦的白髮穿搭。

pon 借了女兒的衣服來試穿，才發現黑白色調適合搭配，加上口紅、眼鏡，就可以輕鬆玩出造型。

跨入六十歲前的 bon，也在太太和女兒的壓力下，實行「爸爸改造計畫」，用統一色調的衣服、襪子、圍巾穿搭，玩出生活新樂趣。

二〇一六年底，女兒隨手上傳兩人的穿搭照片後，在 Instagram 上收到許多好評，這才開啟兩人的銀髮網紅之路。黑、白、紅、藍、灰的穿搭下，是內向的兩人，維繫感情又發揮創意的方式。

他們沒有固定規律，只想單純記錄生活。但每次拍照，他們總提醒自己要挺直腰桿，穿得整潔體面，不要變成疲憊無神的老態夫妻。

生活不是太富裕的他們，也為服裝設定預算，價錢一律不超過五千日圓（約一千五百塊臺幣）。

現在就算只是在住家附近，兩人也會用心打扮。年輕時候撐不起來、穿來彆扭的長版大衣、顯眼配件，過了六十歲穿起來反而有模有樣，也能享受其中。兩人的自信和轉變，也成功吸引企業上門合作。

去年六月，日本百貨公司三越伊勢丹旗下女裝品牌 Clothing Isetan

Mitsukoshi，就看準兩人在 Instagram 上的號召力，跨界推出「Link」系列，帶有「bp」刺繡的男女裝、襪子及雜貨系列商品。

從提案、企劃階段便開始參與的 pon 坦言，「這是我的夢想。」她說自己本來就對服裝設計有興趣，但以前從來沒機會嘗試。

然而圓夢的樂趣，卻沒有吸引兩人把生活填滿，而是選擇把更多時間留給對方。

退休前的 bon，二十年來，總維持每天走路上班、來回三十分鐘的習慣。離開職場後，運動也開始融入兩人每天的生活規律裡。

一天兩餐，一起做「廣播體操」

他們一天只吃兩餐。

早上，一起做完五分鐘的「廣播體操」後，打掃環境，再以簡單的咖啡、沙拉當早餐。中午換裝出門拍照、散步或看電影，偶爾也一整天窩在家裡。晚餐後各自忙碌，結束一天的生活。

對於健康，他們沒有冒險的野心，只想攜手嘗試以前沒做過的事。pon 想嘗試社交舞，除了矯正姿勢、防止大腦退化之外，還可以夫妻一起同樂。bon 則是對攀岩感興趣，但實際觀察之後，擔心自己的體力無法負荷，就暫時擱置了。

唯一的交集，就是北歐式健走。步入六十歲之前，兩人聽說手握拐杖的健走方式，既可以矯正姿勢又能增加運動量，於是便一起上課、參加活動，來鍛鍊體力。

即便 Instagram 帶來新生活、新挑戰，兩人也時常上傳旅行中的照片，但他們坦言，收入有限，要出去玩還是得考量預算。「採訪會付交通費，旅行社的合作也有交通費，但不會另外給謝禮。再來就是寫書的版稅進帳。」bon 補充說，雖然不是完全沒有收入，但也沒有到可以支撐生活開銷的地步。

預算有限，但他們卻謹守原則，面對電視通告、廣告邀約，或是邀請他們在 Instagram 張貼產品資訊做業配，他們都予以婉拒。

「我們是非常普通的夫妻，這樣做會覺得很不好意思，畢竟又不是藝人。」pon 笑著說，還是希望保有兩人的簡單生活。

「現在，就是最快樂的時候！」平凡的他們，正放下年輕時的匆忙與奔波，在新朋友、新社群的支持下，用最自在的姿態，攜手圓夢，和「老」幸福共存。

——本文載自《天下雜誌》六七四期，彭子珊、陳潔，二〇一九。

偉瑩老師 劃重點

社群媒體的時代增加了人與人接觸頻率，讓人不必出門便可與他人互動，而讓長者使用社群網絡也成為了增加他們與外界互動的方式之一。然而，社群媒體的訊息快速流動也可能擾動了長者的生活節奏，增加不確定感。如何一邊自在的在數位時代中生活，一邊享受第三人生的自在，是長者生活的新課題。反觀成年人與青少年又何嘗不是如此呢？在享受數位便利與創造生活可能性的同時，避免對生活帶來太多限制與干擾，是現代人共同的功課。

1. bon 與 pon 夫妻從鄉下搬到都市的原因是什麼？
2. bon 與 pon 夫妻在 Instagram 上所展現的風格是什麼？

1. bon 與 pon 夫妻在 Instagram 分享生活的照片與點滴後便走紅，其中的原因是什麼？
2. bon 與 pon 夫妻在 Instagram 走紅後生活有什麼改變？這樣的生活與他們當初搬離鄉下的初衷一樣嗎？還是有所差異？

1. 網紅這個名詞也很少讓人聯想到「長者」，也從來沒有在 bon 與 pon 夫妻的生涯規畫清單裡出現。關於夢想這個詞，我們總會碰上人生變化和夢想不相符的時刻，如何面對並保有幸福，bon 與 pon 夫妻有了他們的選擇。你如何在生活挑戰與夢想追求中取得平衡呢？

Chapter 2
地方創生

引言

讓地方發展得以永續

《天下》幸福城市大調查，六都是「最想定居城市」的前六名，臺灣絕大部分的人口集中於少數的區域，人口分布失衡似乎成為不可逆的情況。鄉村的人口外移，人口結構老化，少子化情形嚴重，家戶所得也偏低。地方創生的概念源自於二〇一四年日本政府推動的〈地方創生法案〉、〈地域再生法改正案〉與相關創生案例，與臺灣相同的是，日本也存在著人口過度集中於大都市，部分地方人口大量流失的問題。推動地方創生，不僅是讓地方擁有經濟活動，根本目的是不願意「地方消失」的情形發生。

行政院國家發展委員會於二〇一九年正式推動「地方創生國家戰略計畫」，並將此年訂為臺灣的地方創生元年。不同於社區營造著重於社區溝通與共識形成，地方創生更進一步強調從在地出發，創造足夠的經濟活動。唯有能夠有經濟活動，地方能夠營生，才可能留住合適的人，減緩人口的流失或人口結構的老化，甚至進一步迎來新的居民。為了整合與地方發展有關的各部會，國家發展委員會建立地方創生資料庫，匯整各主管機關的相關統計資料，包含：人口、所得、經濟產業、交通、觀光、土地、住宅、環境、教育、文化、社福與醫療等十二大主題，幫助大家快速掌握臺灣各地的現況。

政府在地方創生中擔任了建立資源整合平臺與扶植的角色，而另一個關鍵的角色是實際參與者，可能是社會企業、公益團體或是當地人士等，在真正開始之前，傾聽地方的問題，探索地方的人文與自然，掌握地方的過去與現在，從認同、尊重與欣賞出發，了解如何運用地方優勢，凝聚地方共識與情感，才能建立不僅僅是經濟活動，更是地方永續的方案。

早在政府正式推動地方創生前，已有不少地方政府與團體著手規劃並執行相關計畫，包含農業、漁業、文化等多個面向，例如宜蘭壯圍地區的「宜蘭斑豐收藝術季」、屏東佳冬鄉青年返鄉所建立的品牌「樂漁8」，以及由新北市政府文化局與當地業者共創的新北「三鶯．宴」，結合三鶯地區的茶、藍染、陶瓷文化，重新詮釋當地文化與產業。

然而，有些地方發展未將解決根本問題或地方特色放在思考核心，透過活動或創造景點，讓地方成為爆紅打卡景點，消費了地方，更阻礙了長久發展的可能。這樣快速但短視的作法，不得不讓人擔憂。

據此，本章共選擇了六篇文章，希望能夠幫助大家更了解這個重要的議題。第一篇文章便是從地方創生的背景談起，了解地方創生的起點、可能方式與關鍵者；第二篇則以南投縣仁愛鄉南豐社區的東岸部落為例，了解部落青年返鄉的起心動念與策略，如何從解決部落問題出發，創造地方的新契機；第三篇則是以新住民的視角來詮釋中興新村的美好，透過社區內的連結，讓更多人能認識並參與社區的過去、現在，與未來；第四篇則點出了偏鄉轉型的根本問題——交通，不同中央部會在解決問題時缺乏在地思維與系統思考；第五篇以老街缺乏特色說起，提出地方創生的兩個須知，更期許大家要能夠說出自己的故事，找到行事的核心價值；第六篇則提出打卡熱點等爆紅式景點的問題，如果只是帶來消耗性消費，將讓聚落創生無法永續。

臺灣社會常常只推崇一種成功模式，似乎一定要上大學，擁有好學歷，成為醫師、律師、工程師等才是好的人生，這卻可能導致我們將所有人培養成同一種人，致使整個國家的產業越來越單一，不僅僅犧牲了不同興趣與特質的人，更可能錯失了臺灣潛在發展的產業，反而讓國家競爭力下降，也讓人民沒有機會實踐自我，幸福感大降。

臺灣每個地方都有自己的故事，無論是文化或產業的，值得我們深入探究，更值得珍惜、保護與延續。當年輕人對於出生地或父母的故鄉越來越陌生，那麼地方的發展與未來將越來越不被重視。當開始認識地方創生的議題，便如同以這些內容帶領我們思考，若能對於地方與自己的未來有更多的想像，便能夠大膽與放心的規劃自己的生活。每一個選擇、每一個決定、每一個行動不只關於自身的未來，更可能影響了地方的未來。

參考資料：

1. 地方創生資料庫（TESAS）網站，取自：https://colab.ngis.org.tw/lflt/index.html
2. 廖順福、許玲瑋〈地方創生大哉問〉，《遠見雜誌》，二〇一九年十一月，取自：https://www.gvm.com.tw/article/69311

靠老屋、舊街、小農三寶，地方創生讓鄉鎮回春

二〇一〇年合併升格後，六都對地方的磁吸效應越來越明顯。每年《天下》縣市大調查，六都總是最多人希望定居的縣市，反映在人口數上，全國二十二縣市中有十三個縣市人口負成長，幾乎都是非六都。

從二〇一六到二〇一八年，苗栗、南投、嘉義的人口，每年以將近一成的速度遞減，而二〇一七年家戶所得排行，除了臺南市，其餘五都都排在前十名。大都會將鄉村人口吸去，高壓生活又讓人不敢生育，成了「都

會黑洞」。

日本於二〇一四年提出「地方創生」，以活絡地方、讓人願意回流作為解方，當臺灣人口減少時程不斷提前，搶救生機刻不容緩，行政院也將二〇一九年定為「地方創生元年」。有別於之前社區總體營造、農村再生，「『社區營造』是強化在地認同感，『地方創生』則是要解決在地問題。」社造老將、前任國發會副主委曾旭正認為。地方創生問題意識更明確——如何解決人口及就業問題。

「這不會是單一村落、鄉鎮，而是區域的問題，政府必須思考更廣，行動主體牽涉到地方政府、企業、在地人，關鍵是找到商業模式，挑戰比社區營造更大。」曾旭正坦言。

日本地方創生專家木下齊也強調，政府補助是毒藥。如果不能創造利潤，以正常的市場模式永續經營，就不能算是地方創生。

南投竹山：民宿創生，讓人口止跌回升

落腳南投竹山十三年的何培鈞，最初想保存荒廢的百年老屋，借貸一千六百萬，整修老屋經營民宿。解決生存問題後，四年前，他開始有社區意識，以自身能量帶動小鎮。

他整理閒置空間，開放專長換宿。幾年下來有兩百多人進駐，為竹山拍宣傳片、製作地圖、竹編 QR Code 等創意行銷。每個月的光點聚會、路跑活動建立社區關係，最近更開始做區塊鏈應用的數位認證。

幾年下來，陸續有年輕人到竹山創業，也有二代回家接手竹子工廠。

何培鈞發現，竹山鎮人口從四年前負成長零點八%，去年只負成長零點二八%，明年人口數可能止跌回升。

他計劃舉辦地方創生生活節，以振興人口為目標，鎖定創業、就業、退休買房三種族群做「移居媒合」。

除了盤點工作機會、店面和居住建案來滿足移居需求外，他找縣府談就學補貼，也計劃和銀行談優惠創業利率、醫院談照護服務，希望將完整的生活支持系統建構起來。

臺南後壁：農村創生，合作社是新模式

臺南後壁區的仕安社區，則是摸索農村創生的新模式。

這個六成老人、人口外流嚴重，實際只有兩、三百人居住的小里，二〇一一年，從里長廖育諒提供專車接送的社區照護服務開始，二〇一二年吸引南藝大畢業的建築師林鍵樺進駐保存、活化老屋。

里民的信任感建立了，仕安打破過去避談「錢」的社造思維，二〇一三年開始嘗試實驗社區合作經濟。

最初集資兩百多萬成立的合作社，和在地契農合作，自產自銷友善農法的無毒米。每人認股不超過二十萬，盈餘回饋里民的機制受到好評，進一步募資購買加工設備，短短半小時便募到九百八十萬，目前有一百二十位里民認股。

去年十一月合作社的集貨運銷處理室落成，從收割後的烘乾、冷藏、製作二級加工食品，目前由主婦聯盟收購米，丸莊醬油採購黑豆。從生產、認證、行銷、獲利再回饋地方，讓沒有資本的小農也能透過合作社機制，增加農產品價值，集眾人之力形成良善循環。

臺中中區：老城區再生，活化閒置空間

事實上，自人口減少，都心移轉的壓力下，不僅是農村、小鎮，都市老城區也是創生可以著力的地區。

八〇年代，臺中市中區曾是全臺地王，而後，市區發展轉移導致沒落，空屋率高達五成。二〇〇八年，當時市長胡志強曾提出「百億救中區」，卻因為產權複雜胎死腹中。

東海建築系助理教授蘇睿弼在二〇一二年以「中區再生基地」拿到研

究計畫案，有別於「打掉重練」的都市更新思維，團隊先花一年做空屋調查，全面盤點不到一平方公里、六十多個街廓的產權和建築狀況，挖掘老房子故事。他的創生強調公共性，將占地一百五十坪，荒廢已久的舊第一銀行二樓，改造成辦公室及公共空間，舉辦研討會、座談、藝文活動，並找來專業設計團隊做社區報《大墩報》，每期以有趣的主題深度介紹中區，希望讓遊客願意一來再來。

二〇一四年林佳龍上任市長，整治綠川和大臺中車站計畫，官民努力下，四年來商家增加兩百三十八家，近二十間飯店，中區商圈有機復甦，呈現新舊錯落的老城區魅力。今年蘇睿弼則將基地轉型成協會，做閒置空間的外界媒合。

《天下》走訪許多社造成功案例發現，商業模式是社造轉型成地方創生的最大門檻。

日本地方創生專家木下齊鼓勵設立「鄉鎮公司」。他認為，認真觀察地方上有什麼痛點，改變這個痛點便能創造利潤。

將地方痛點轉化成商機

「問題背後都有很大商機。」何培鈞也認為。他舉例，臺灣鄉鎮可以做鐵皮屋美化公司，也能開辦銀髮智慧學院讓老農經驗傳承給青農。

不過，商業模式說來容易，執行起來困難重重。以臺南仕安社區合作社為例，目前還需要勞動部補助案來支付員工薪水，大家都在苦思不依賴補助的經營之道。

最難的是通路開拓。「產品端解決了，但通路銷售才是主要問題，政府與其給補助，不如幫我們牽線和企業連結，走出社區把產品打出去。」林鍵樺在一場與政府官員的座談中直言。

從怎麼「花錢」到如何「賺錢」

蘇睿弼認為，地方創生的另一個障礙是，過去社造避談錢，但創生正是要談資本。

「過去社區營造是『大家來花錢』，一堆顧問公司來分食預算，花完就離開，但地方創生是『大家來賺錢』，政府要引導資本流向，讓在地人或企業願意掏錢一起活化地方。」他認為，政府的角色要從之前給錢，轉變成促使知識流、錢流、人流、人才流交流，小鎮外交、城市外交都是可能性。

曾旭正直言，五到十萬人規模的鄉鎮，是地方創生更合適的區域範圍。以仕安社區為例，不到一千人、五公頃田地，產品不夠多元，就需要做跨域的串聯。

這時就要靠政府與企業的參與。從事農村輔導二十多年，農委會水保局南投分局長陳榮俊認為，地方創生在中央部會，必須由國發會跨部會整合，鄉鎮公所的角色也不可或缺，一起施力才會到位。

另一個政府的重要角色，則是媒合企業、學校和地方對接。

日本為地方創生設計「故鄉稅」，讓個人或企業繳稅時可以指定一定比例給任何喜歡的鄉鎮，鼓勵地方發展。曾旭正也在思考，如何設計制度獎勵企業投資故鄉，另一方面釋放地方型大學的研究能量，扮演地方政府的「智庫」，提出創生解決方案，讓大學人力更能發揮。

最後，地方創生還常常遭遇不合宜的法規限制，需要政府出面修法。回部落從事社區營造十四年，南投仁愛鄉的「東岸部落產業促進協會」理事長王嘉勳也直言，公部門的橫向整合都沒有完成，譬如，一開始原民會核准蓋家屋，但營建署說是違建；很多農村閒置空間活化，也需要有合法執照，但法規限制卻讓實踐者綁手綁腳。不過，地方創生的成功關鍵，還是在行動者。

何培鈞認為，在人才稀少的地方創業，行動者必須培養自己農業轉譯力、美感設計力、虛實通路開發力、科技力、溝通力的五大能力，缺一不可，學校教育應該儘早訓練，然後在真實的創業壓力下測試鍛鍊。

「地方創生重點不是有多少預算，用什麼制度，重點還是行動者面對困難時，怎麼用創新的方式解決。」蘇睿弼看過歐美和日本案例後下了這樣的結論，「政府和民間如何協力，為資源越貧乏的地區找到生路，『邊緣就是最前線』是地方創生的真正精神。」

——本文載自《天下雜誌》六五六期，林怡廷，二〇一八。

偉瑩老師 劃重點

臺灣絕大部分的人口集中於大都市，非都市因為人口外移，人口老化的情形嚴重。近年來，不只是非都市出現人口外移的現象，都市裡的老社區也面對相同挑戰。行政院於 2019 年推動地方創生元年，企圖藉此解決臺灣人口失衡的危機。地方創生不僅僅是社區營造、文化保存，而是更積極的找出地區的優勢，並能夠形成可運作的經濟模式，如此，人口可以不外移，甚至創造青年回鄉，也能提供更完善的生活機能與品質。區域發展攸關臺灣的未來，無論是生活在都市的你，或是來自非都市的你，都應關注相關議題的發展。

1. 地方創生是哪個國家提出的？當初提出的目的是什麼？
2. 「社區營造」和「地方創生」在意義與做法上有何差異？

1. 地方創生如果要成功，政府應當發揮的功能是什麼？
2. 日本地方創生專家木下齊強調「政府補助是毒藥」，這句話是什麼意思呢？

1. 地方創生的成功關鍵，還是在行動者。文中提到「行動者必須培養自己農業轉譯力、美感設計力、虛實通路開發力、科技力、溝通力的五大能力」，並建議學校教育應該儘早訓練，然後在真實的創業壓力下測試鍛鍊。就你的經驗與想像，為什麼需要這五大能力呢？如果學校開設這樣的課程你會有興趣參加嗎？為什麼？

不會說族語的賽德克青年，如何把家鄉變成蝴蝶天堂？

走進南投縣仁愛鄉南豐社區的東岸部落，位於夢谷瀑布附近的部落廚房，落地窗外不時有各色蝴蝶翩然穿梭。三十四歲的東岸部落產業促進發展協會理事長王嘉勳和伙伴們正與廠商開會，準備為部落建立雲端導覽平臺。

他們希望藉由科技讓更多人知道，這個不到一千人的賽德克族世居地，是個擁有兩百多種、占臺灣蝴蝶品種一半以上的天然蝶道。

二〇一四年成立的東岸部落產業促進發展協會，涵蓋文創、生態及文化旅遊、農產、美食等面向，目前預計成立品牌「8LIFE 巴萊夫」的部落企業，已集合二十戶小農，依通路需求分配耕種具原鄉特色的作物。

這個部落實驗，三年來開了一百三十二次會，吸引三千七百人次參與，連結十七家在地團隊。

去年產值已達七百二十六萬，是兩年前的三倍，為部落帶來二十個工作機會。

毛利人帶來的認同衝擊——「我的原住民名字是什麼？」

這個實驗，是王嘉勳二〇〇四年孤身回鄉，十四年來，歷經尋找自己、被排擠、衝突、和解、改變的修行路。

父母在夢谷瀑布旁經營餐廳，高中就去外地求學的王嘉勳，是個連族語都不會說的賽德克青年。直到大二跟系上同學到紐西蘭做國際交流，毛利人讓他感到身分認同的衝擊，「我當晚打越洋電話回家問母親，自己的原住民名字是什麼？」

王嘉勳大學念醫管，研究所念經營管理，畢業後本有機會到中國工作，當月入五萬人民幣的「臺幹」，卻在大二時決心回到部落，做田野工作，他決定要重建傳統家屋。

蓋家屋，意外凝聚部落共識

五十六歲的吳克信 Umin 回憶，當年族人包括自己，都對這個外面長大、不會講族語又很衝的小孩充滿猜疑和批評。第一棟家屋的建造過程充滿衝突，卻也起了化學變化。

原本不肯傳授技藝的老人邊罵邊動手，家屋蓋成了，最後王嘉勳被族人接受，還訓練出一批專業工班，甚至能接外縣市的委託案。

蓋家屋雖然波折，卻意外成了凝聚部落共識的催化劑。他們總共蓋了四棟家屋，一直蓋到第三棟，二〇一二年部落年輕人開始回家。

青年鮭魚返鄉、尋找定位

「小時候想留在部落，因為經濟緣故必須出去，就算想回家，老人家也會趕我們出去。」和王嘉勳同年、曾演出電影《賽德克・巴萊》的李世嘉說出部落青年的無奈。他十八歲去臺北工廠工作，二十五歲回部落當登山嚮導，後來被王嘉勳說服加入社區營造的行列。

八年的社造耕耘，部落有些變化。包含王嘉勳的弟弟，幾個部落青年開始到位。

學管理的王嘉勳很早就看出，一個成熟的社區，必須要有盈利模式讓年輕人願意留下來。於是他將幾位大學同學一起拉進來，和二十個左右的部落青年組成團隊。

他們在部落會議討論部落定位，發現原鄉都在強調「文化」。但東岸部落曾是六〇年代臺灣蝴蝶加工最大的捕蝶地之一，得天獨厚的天然資源，讓大家決定定位在「生態部落」。他們開班訓練蝴蝶導覽員，再引進自然農法，做「部落處處有教室」的食農教育，建立多元生態系。

王嘉勳花了三年時間，說服部落其他人釋出私有地，共同整理出公共的復育棲地及孩子的通學步道。對萬山和大同山腳下，原本土石流造成的一片石礫地，在部落共同整理後成了「諾亞方舟育種計畫」的棲地。

除了復育蝴蝶等物種的多元生態池，還有八分的公田共耕，讓族人學習自然農法。

目前公田種了各式作物，供餐廳及部落料理行程使用，也能作為學校及公家單位食農教育的場地。一棟古法蓋成的教學屋讓他們能在大自然中辦活動，整理好的通學步道讓孩子上學的路更舒適，部落的公共場域漸漸實現，越來越接近王嘉勳心中部落的樣子。

地方創生本是部落精神

王嘉勳的下一步，是將部落進一步打造成能夠創生的企業。他認為，過去社區營造的瓶頸是因為沒有市場思維，但他想像的部落企業也不是一般逐利的商業邏輯，而是想實踐出一個「解決部落問題」的商業模式。

事實上，過去賽德克族沒有頭目，遇到事情是共識決，五大家族各有專長，定期討論部落整體發展。這種「共好、互助」，有套「Gaya」（賽德克語祖訓之意）規範，讓每個人「適得其才、適得其所」的境界，是王嘉勳嚮往的。

「耆老對我說，地方創生根本不用學日本，這就是部落的生活方式，我們只需要『恢復』，就是屬於我們的地方創生。」

不過，社區的問題不是只有開一家公司這麼容易，必須先理出頭緒，找到利害關係人，網絡複雜得多，王嘉勳深有體會，「因為人很複雜，我都說我也是設計系，我設計人。」

耕耘了十四年，王嘉勳盤點地方資源，對部落歷史文化的理解找出特色，更重要的是建立族人的信任，部落共識的企業才有可能發生。

「青年返鄉不是口號，而是反省的過程，這不只是測試我們，也測試部落，」王嘉勳反覆強調，「互相照顧和分享，是過去部落本來存在的精神，只是在現代國家的體制中迷失了。」王嘉勳相信運用各種方式，讓族人願意參與自己擅長的公共事務，找到自己定位，部落問題改善了，環境自然好，產業就起來了。

他這三年也串聯北中南部落，一起去香港參加有機展，帶回外面的視野，現在部落企業在思考的，是如何公平分潤，回饋地方。

「原住民不是總要靠弱勢、公益才能站起來，自己也能連結國際。現在年輕人有專業，只是需要舞臺，我們的舞臺就在部落。」王嘉勳說。

——本文載自《天下雜誌》六五六期，林怡廷，二〇一八。

東岸部落（Along Tongan）小檔案

族　群：主要賽德克族，餘為漢人、客家人及噶哈巫族（Kahabu）

地理位置：位於南投縣仁愛鄉，埔里往霧社的臺十四甲線公路旁，是霧社風景區的門戶。由眉溪部落、天主堂部落、南山溪部落組成

人　口：八百多人

特　色：蝴蝶生態、賽德克文化、無毒農業

偉瑩老師 劃重點

為了求學或求職而離開家鄉，是許多臺灣人的共同經驗。成年後因為工作或是孩子就學的緣故，返鄉的機會越來越少，隨著家鄉長輩的逝去，家鄉就變得更遙遠。

尋根不該只是原住民族的期望，每個人對於自己祖先從何而來、如何營生、家族存續等，都應該在還能有探詢機會前好好把握。唯有對自己生長的土地產生連結，才明白地方創生不只是生活在當地者的責任，讓家鄉永續更是祖先曾經生活於此的後代當有的使命。

1. 王嘉勳在什麼機緣下決定大學畢業後要返回自己的家鄉？
2. 東岸部落的地方創生以何主題定位？與其他部落有何不同？

1. 耆老們說「地方創生本是部落精神」，賽德克族精神與地方創生有何相同之處？
2. 王嘉勳想要創造的是「解決部落問題」的地方創生模式，並非單純創造一種商業模式。請問 14 年來，他解決了哪些部落問題？

1. 為了求學或是求職而離開自己的家鄉在臺灣是許多人共同的經驗，王嘉勳因為紐西蘭的交流而開始尋根。你的家鄉在哪裡？現在的變化如何？嘗試用一句話形容你和家鄉的關係。

「一份留給中興新村的美好」加拿大人不只愛上南投，還辦創生雜誌

「中興新村第三市場側邊，手炒栗子的攤位煙霧繚繞，是週末市場口的特色之一。經過香甜誘人的炒糖幻霧後，有一間素食麵館，習慣的走進裡頭，叫上一碗山藥栗子麵，清香四溢的湯頭，總是舒服的喚醒身心。這是中興新村美麗的早晨，欣賞市場裡頭待人接物的專心、安分，還有生命力，漫步於此觀照中，有一種緩慢下來的靜定。」

翻開《Local Word》，這段清新的文字喚起人們對南投小鎮的記憶。光陰荏苒，這裡曾是臺灣省政府所在的地方政治中心，彷彿墜入歲月塵封

的角落。這本以「一份留給中興新村的美好」為宗旨的在地獨立雜誌，正是要讓人們重新發掘這個彷彿已經遺世的小鎮魅力。

說是雜誌，其實只是兩張A3大小、總共八面的「小誌」。然而，講究的重磅數用紙、充滿文青味的文字、攝影、美編、霧面印刷，卻呈現出令人驚豔的專業水準。

更意外的是，這本剛過兩歲生日刊物的創辦人，是定居當地的加拿大人伍言中（David Wood）與臺灣老婆林欣蕾。兩人甚至不是記者，而是衛蕾原味攻坊（the Pot & Pan Bakery and Dining）這家餐廳／烘焙坊／咖啡館的創辦人。

農夫市集加上獨立雜誌，推動地方創生

位在中興新村安靜的道路邊上，這家被綠樹、杜鵑與九重葛環抱，滿溢著春天氣息的餐廳，在一片老房舍中，顯得分外吸睛。門外是當地小農寄賣在地食材的「前院市集」，屋內架上也販售在地生產的農作品，像是果醋、蜜餞等。溫暖昏黃的燈光，照映著皮沙發後面畫著一棵大樹的牆，另一側牆上則掛著在地藝術家的畫作，簡直就是一個隱藏版的文青打卡點。

「自從我們開店之後，有趣的事情開始發生了。有一點像是強迫你要融入你的社區。身為一個在臺灣的外國人，這是我走進社區的一條路，有了一個公眾形象，也能參與社區發展。」在二〇一三年就跟老婆一起開餐

廳的伍言中說。

《Local Word》是夫妻倆為了讓老舊社區重生而推動的「In the Room」計畫的一部分。他們以餐廳為核心，在裡面舉辦社區沙龍、小型音樂會，跟關心地方創生的在地居民，一同討論社區的議題。他們開了農夫市集，後來又創辦雜誌，希望讓更多人能認識並參與中興新村的過去、現在，與未來。

「原始的想法是如何讓這家店成為連結社區的更多方式，餐廳是核心，但如何長出更多的枝幹？因此有了『In the Room』這個想法，包括市集與雜誌。市集的成功不是在商業層面上，而是從創造社區聯繫的層面來看。我們開門希望人們能走進來，而他們確實也來了，這很正面也很激勵我們。」站在櫃檯後幫剛在外面挑選青菜的客人結帳的伍言中說。

自掏腰包無償投入，連蜂農都加入

他們自掏腰包辦雜誌，把小農市集的利潤，全部投入製作小誌。原先只有三人，林欣蕾負責撰稿，伍言中負責攝影，還有一位在地插畫家。後來吸引了更多在地人加入，一位住在南投有電腦排版專業的年輕人主動聯絡他們願意幫忙，市集中一位蜂農因為很會畫畫，也在他們邀請下開始畫插畫。雖然偶有在地廣告，但這本發行量僅約一百二十至一百三十份的季刊，基本上還是靠市集收入與小額捐款在支撐。

這本在中興新村、竹山、草屯等地共二十多個點（包括咖啡館、書店等等）免費發贈的刊物，不只是本地方旅遊誌，也討論在地議題。

去年冬季刊的封面故事就是討論「路樹修枝」。中興新村道路寬闊，行道樹原本高大繁密，但地方政府卻採用直接連枝帶葉的「砍頭」方式來修剪，引起在地居民議論。有人認為樹木過大會影響當地低矮屋舍、道路，與行人的安全，但讓綠葉遮蔭變成一片光禿「砍頭」的景象不僅破壞美感，也可能破壞樹木健康與棲息生物的環境。因此，他們遍訪當地的里長、里民、與專業學者，忠實呈現正反不同的意見。

「我們無法給您結論或是解決方案，能做的是提供一個平臺，鼓勵大家發表己見；我們傾聽且分享，倘若還有一些好運氣，也許我們能做些改變！」《Local Word》如是說。

自己的社區自己救，不為錢而為了在地情感

辦雜誌推動地方創生，是伍言中的點子，他曾目睹並參與過這樣的經驗。

二〇二〇年、三十七歲的伍言中，來自加拿大安大略省南部，大學時主修英國文學，還曾發行過兩本詩集。念完書後他到英國中部大城雪菲爾（Sheffield）工作，發現當地有本免費的獨立雜誌《Now Then Magazine》，是由在地年輕人自己發行，試圖透過討論藝術、文化、政治等跟在地有關的議題，來翻轉社區。當時這本雜誌才剛創刊，他不僅在上面發表自己的詩，也協助發送雜誌，讓他對「自己的社區自己救」這件事留下深刻印象。

「我在加拿大從沒看過這樣的事。他們似乎有無窮的精力，之所以能有這樣的動力與能量，是因為他們相信能夠改變自己的社區，讓自己的家鄉變成更好的地方。這種起心動念不會有消失的危機，因為你住在那裡，做這件事不是為了錢，而是從情感出發。」自稱從來不是屬於帶頭領導人的伍言中，在心中默默種下了種子。

在英國兩年，他想探索世界的其他角落，到柬埔寨教英文。然而，曾備受戰火凌虐的這個國家讓他待了一年就想離開，剛好有朋友在南投草屯教英文，就介紹他到草屯來工作，也因此結識在地人林欣蕾。

「我發現這裡非常安全、乾淨、充滿文化氣息。道路寬闊、人們也非常好客，是個非常舒服友善的環境。」伍言中說。

兩人結婚後，定居在妻子從小長大的中興新村，並一同在當地的幼兒園教書。不過，因為不認同幼兒園以成績為導向的教學理念，他們開始萌生創業念頭。伍言中喜歡烘焙烹飪，以前曾在餐廳工作，因此七年前決定開麵包店。一開始只是賣給認識的人，當年底就正式開店。但為了收入考量，伍言中仍持續教書，由太太打理生意，連娘家的人都來幫忙。後來生意逐漸上軌道，擴大成一家餐廳，伍言中離開教職專心投入經營。

「我從青少年時就開始進出廚房。在廚房工作的人很真實、不做作，會遇到很多很有趣的人物。如果想要寫書，廚房是一個很好的背景。我喜歡那個很有創意充滿變化的世界。不過，我從未想過自己有一天竟然會擁有並經營一家餐廳。」伍言中說。

燒香的視覺隱喻，從幻滅到欣賞的文化震撼

在臺灣，他也遇上難以避免的文化震撼。曾在學校讀過東方哲學的他，對於這些概念如何被落實在社會中，非常有興趣，但剛到臺灣時，他看到一些「概念」與「做法」的差別，不免感到有點失落。例如，燒紙錢的拜拜文化，讓他覺得未免太過功利導向。

「去廟裡拜拜是為了賺錢或是考試有好成績？燒一臺賓士給先人？這對我來說是件很奇怪的事。」曾經有過的浪漫幻想，終究得跟現實衝撞。

然而，經過一段時間觀察後，他開始看到這些現象背後的美，理解到那是一種將思念傳達給另一個世界親人的儀式。一縷清煙裊裊上升，其實是將有形的物體轉換成無形的媒介，飄向一個眼睛看不到的世界。

「這是種連結另一個世界的視覺暗喻，非常聰明，從這個角度來看，這是很直覺、充滿詩意的做法。」詩人纖細敏銳的特質，讓文化震撼的過程從「幻滅」逐漸走向「欣賞」。

「儀式跟迷信是不同的，迷信暗示著一種批判，但是儀式與傳統是文化中很有價值的東西，對個人與家庭來說，是延續血緣的一部分。光看表面，當然有些膚淺的層面，但當你把表面剝掉後，就會看到很有趣的東西。我們總是從批判開始，但必須要能同理。這是一段在情感上很有收穫的過程。」伍言中說。

在他們有了女兒之後，安靜閒適的鄉村生活，也讓他越來越自在，在長期離鄉漂泊的人生中，他總算在這個有著「歲月靜好，現世安穩」氣氛的小鎮，找到自己的根。

「我非常高興能在這裡撫養我的女兒長大，我很愛中興新村，這是個非常美麗的小鎮，這裡很多人都很想看到中興新村邁向另一個階段。這個小鎮的下一步會是什麼？對於這個地方的未來，我很關心。」伍言中說。

——本文載自CSR@天下，顏和正，二〇二〇。

偉瑩老師 劃重點

近年來有許多久居臺灣的外國友人以臺灣當地的飲食、生活、自然或文化做主題，製播了許多線上節目，向這個世界介紹臺灣的美好。身為臺灣人的我們每每在觀看這些影片後，反思自己為何沒有以更開闊的心胸來欣賞這片土地的美好，也更感謝這些外國友人不斷的為臺灣的存在發聲。人們似乎常常犯了這樣的錯誤，顧著抱怨日常生活環境中的幾件事，卻忘記了其他更美好的許多事。要能夠讓自己成長的地方更好，那就是愛上它，並為了守護它更加努力。

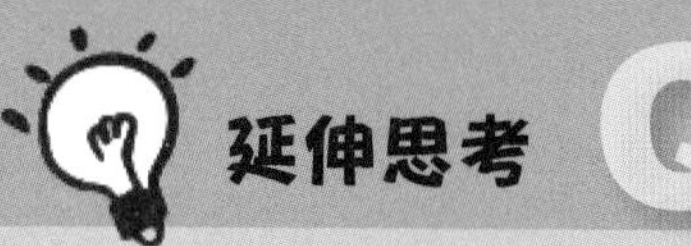

延伸思考 Q & A

1. 伍言中夫婦共同創辦的《Local Word》雜誌，這本雜誌所報導的內容包含哪些？
2. 伍言中會投入社區的地方創生是源自於哪些過去經驗？

1. 「In the Room」計畫包含哪些部分？這些策略最終的目的是什麼？是否已經看見效果？
2. 伍言中在面對臺灣的宗教信仰時，發生了什麼樣的心理轉折？他是如何做到真正的欣賞？

1. 新住民是臺灣社會活力與創意的來源之一，不僅是帶來不同的文化，更能夠幫助我們看見我們生活中或文化裡已經視為理所當然的美好。想想對於你所生活的社區，有哪些事情是你覺得需要調整或改善的？如果真的有機會為此採取行動，你想做什麼？

政府、市場、服務「三不靈」！地方創生如何打通偏鄉交通？

這一波疫情打亂了大家的生活、工作與學習，筆者在學校的一些研究計畫和服務專案也被迫暫停。

其中最為遺憾的，是一項關於偏鄉出行的倡議——二〇二〇年三月三十日和《聯合報》願景工程共同舉辦的「移動轉翻偏鄉」工作坊，被迫延期了。

這個籌備了近半年的工作坊，原來預計邀請交通部、衛福部、教育部與國發會等中央部會的政策制定者，和四個地方政府的跨局處承辦同仁，採用世界咖啡館的開放對話，藉由中央跨部會對話與地方政府跨局處的組隊，探討為何不同的中央部會推動偏鄉交通補助方案經常資源重疊、相互矛盾；面對偏鄉老化凋零的到來，地方政府應如何打通跨局處的任督二脈來帶動地方生機。

既然沒有辦法舉辦實體工作坊，筆者就改用《未來城市》這個公民平臺，來和關心偏鄉的讀者分享這場工作坊原來準備分享的報告。

偏鄉（人口）消失中

面對未來，臺灣最大的危機之一是人口消失，對於沒有就業機會的農村地區衝擊最為嚴峻。

未來二十年，農村偏鄉將落入少子化、人口外流、地方產業消失的惡性循環，甚至面臨滅村危機。

如同國發會所做的研究報告，預估全臺三百六十八個鄉鎮區中，將有超過三分之一、共一百三十四個鄉鎮區必須優先搶救。例如：臺南左鎮區、新北平溪區、高雄田寮區、高雄甲仙區等區的人口數，二〇五〇年將比現在再減少百分之五十，讓大家不免會擔憂：「我的故鄉會消失嗎？」

為解決地方與人口消失的危機，行政院定調二〇一九年為「地方創生元年」，推出地方創生政策，力求人口回流、均衡地方發展；希望由地方鄉鎮公所發動、地方政府協助，整合地方各種利害關係人的意見，凝聚民間與政府共識，訂出完整的地方發展規畫。

同時邀請民間界者挹注資源，由地方鄉鎮公所提案到行政院地方創生會報平臺，國發會再進行相關政府部會的資源媒合，配合法規的修改、資金的投注，或資源的提供，輔導發掘出偏鄉特色的DNA，找回地方生機，恢復地方產業、引導人口回流。

地理位置是偏鄉的宿命

其實，偏鄉之所以偏，和它的地理條件息息相關。由於偏鄉地理位置偏僻，造成地方缺乏經濟活動；因為缺乏經濟活動，導致地方沒有就業機會；因為沒有就業機會，地方年輕人必須外漂工作，而將老人兒童留在家鄉；因為只剩老人和小孩，導致地方更沒有生機。

如同前國發會主委陳美伶所言：「地方創生的核心是人，要把人留住、hold住、不要再往外跑了，外面的人也可以進來。」

但是問題來了——如何把人留住，讓外面人也可以進來呢？

追根究底來看偏鄉的困境，在發展地方創生產業之前，更重要的是先打通「交通」的移動障礙。解決移動問題，才能打通偏鄉的任督二脈。

但要如何解決偏鄉交通困境呢？

從學理的角度，偏鄉交通因為「三大失靈」，而無法人暢其行、貨暢其流。分別是：市場失靈、政府失靈與服務失靈。

以下先說明此三大失靈的定義，再分別說明如今偏鄉的真實困境。

1. 市場失靈：

指由民間所主導的私人企業，無法有效率的分配商品和勞務的情況。

在偏鄉情境中，代表藉由民間組織的市場力量，無法滿足民眾出行的公共利益；也就是說，市場力量無法引導偏鄉提供交通服務業者的出現。造成市場失靈的主因為交通係為公共財，具有高度外部性，難以形成市場機制。

2. 政府失靈：

係指政府為解決市場失靈，採取各項政策工具與行動以補救；卻又因政府提供公共服務有「能力不足」及「無效率」的現象，無法達成預定目標，造成政府推動的政策無法發揮效果。

3. 服務失靈：

又稱志願失靈。意指個人或集體自願的非政府組織，在其志願活動運作過程中出現種種問題，使志願活動無法正常進行。主要表現在志願團體一方面不斷展開行動試圖幫助弱勢群體，社會各界亦給予一定關注與支持；但另一方面受助群體仍不能有效得到幫助，或者某一些群體得到過剩的幫助、另一些卻得不到幫助。

政府失靈：跨部會資源難以整合，政府因不了解需求而失靈

從中央部會分工來看，偏鄉的交通主管單位主要責任係落在交通部身上。但移動服務業務同時也和衛福部和教育部有關，因為「就醫」與「就學」是國家必需提供人民的基本權利，均涉及交通接送的安排。

以交通部來說，公路總局每年花費大量預算在補貼偏鄉公車、幸福巴士與幸福小黃等不同載具的營運，但因為不了解偏鄉人民出行的需求樣貌，政府過度以供給面來提供資源，出現了花費大筆交通補貼，卻「有出

車，沒載客」的空繞困境。

加上公車缺乏到府接送的「第一哩路」與「最後一哩路」的路線彈性，讓偏鄉民眾只能另外找方法，這是導致政府失靈的主因之一。

另一方面，以就醫需求來看衛福部的交通補貼政策。

衛福部從長照 1.0 到如今的 2.0，均提供符合長照資格者的就醫與復健接送服務。

衛福部是採用「專車專用」的補貼政策，補貼偏鄉（原鄉）的長照機構、文化健康站或協會購買車輛，以及駕駛資薪和營運成本，但只有符合長照身分資格的個案才能上車載送。

這個特定身分的服務限制，造成不符合資格民眾「看得到，吃不到」的抱怨。在交通供給已經嚴重不足的偏鄉，使得資源無法充分被有效利用，這是政府失靈之二。

第三方面，來看看偏鄉兒童「就學」的交通補貼。教育部針對偏遠學校兒童也提撥交通補貼預算。教育部採用的方式和衛福部略有不同，係匡列一筆年度預算給學校自行找委外車行服務，或自行採購車輛、自聘司機執行服務。

但對學校教師而言，大家對交通都是門外漢；即使買了車，光靠微薄補助款，後續也沒錢維運管理。更何況車子的保養維修與司機聘僱都是一大筆錢，學校自然不敢冒然投入。這是政府失靈之三。

市場與服務失靈：載客總量不足，組織與個人雙雙失靈

偏鄉交通屬於公共運輸政策的一環，公共運輸有外部性，難以用市場機制形成穩定的供給與足量的需求。

因為偏鄉地廣人稀的地理劣勢，難以形成足夠規模的載送流量，企業缺乏誘因投入車輛與聘用司機，政府只能用保障補貼方式邀請業者進入偏鄉從事公共目的載送服務，即便明知「載一趟、賠一趟」，但在「交通平權」的人權考量下，政府不得不提供。

再加上巴士路線有定點、定時等固定路線的管理考核，無法配合民眾的真實搭乘需求，此為偏鄉交通產業失靈的原因。

其次，雖然公車的規模經濟不足以支撐在地的交通接送，但不代表在

地沒有交通業者服務。只是他們不是以企業化方式經營的交通公司，而是由當地民眾志願化身為司機，以非正式形式來滿足在地居民的接送需求。

這樣開著自己私家車來接送地方居民的司機，又被稱為「白牌車」（更精準的名詞應該是「白牌車鄰居」）。他們以個人身分，來支持地方民眾的生活需求與外來觀光客的接送服務。

這些來自當地人服務當地人的白牌車司機，除了擔任外來觀光客的地方導覽與接送角色，也負責載送社區民眾下山就醫與日常生活用品的採買任務。

他們化身成為獨居長輩的子女，代盡孝道，到府接送長者，邀約大家一起共乘下山到醫院看病；有時還協助其他人下山拿處方藥、買菜、送貨、代買禮品、接人上山，或是順風車將鄰居的蔬果送下山。

因為司機與乘客彼此熟識，叫車方便又彈性，居民也樂於多付點運費請其協助。只是此種社區接送的鄰里互助行為，因為缺乏法規保障，也沒有保險機制，萬一造成車禍意外或消費糾紛，乘客將投訴無門。此為偏鄉交通志願失靈的主因。

——本文載自未來城市 FutureCity@ 天下，侯勝宗，二〇二〇。

作者簡介

侯勝宗博士為逢甲大學公共事務與社會創新研究所教授兼所長，「服務創新與行動設計中心」與「B型企業王道中心」主任，政治大學科技管理與智慧財產研究所兼任教授。研究興趣為動態競合、社會創新創業與科技驅動的服務創新。近年來研究方向著重於從共善創新角度，探索共享經濟與未來社會。

偉瑩老師 劃重點

偏鄉問題是系統問題，層面涉及人口結構、產業發展、交通建設、生活機能、教育品質等，解決問題時如何不會流於頭痛醫痛、腳痛醫腳，該由誰發動，又該由誰統籌各部會，再加上不同地區問題的差異化，更難以相同的方式來解決。面對這些問題，除了有賴政府、學界投入外，也有許多民間組織積極參與。二十一世紀所面對的挑戰往往是複雜的系統問題，新一代的年輕人應該培養系統思考能力，使自己成為促進永續的力量。

延伸思考

1. 偏鄉交通面臨哪三大失靈？
2. 衛福部和交通部對於偏鄉交通補助的方式各是如何？

Level 2

1. 本文的作者原本要辦理「移動轉翻偏鄉」工作坊因疫情而停辦，原本預定邀請交通部、衛福部、教育部與國發會等中央部會的政策制定者，邀請這四個單位參與會議的目的是什麼？
2. 基於「交通平權」的人權考量下，政府以保障補貼方式邀請業者進入偏鄉從事公共目的載送服務，但為何仍然沒有發揮功能呢？

Level 3

1. 本文提到關於偏鄉相關政策，雖然提出了策略，但因為未能了解使用者慣性或場域特性，以至於未能發揮預期功能。這樣的情形不僅可能出現於政府政策，就連生活中也可能出現，就像網路上常說的「有一種冷叫做媽媽覺得你冷」。你的生活經驗中，是否也曾經在未設身處地了解的情形下，對他人做出了未能真正產生幫助的建議呢？為何會如此？

老街上大家賣的都一樣、文創特區零零落落
地方創生兩個須知

地方創生的例子很多，經常講的都是偏鄉該如何重新活絡。但若講地方創生的廣泛涵義，都市也是有比較偏僻、不繁華的地方，老社區可能沒落，商家可能生意不再興隆。其實地方創生的概念不僅能運用在偏鄉，某些都市的老舊社區，也可以再活化。我最近輔導的年輕創業朋友，有一群人來自臺北南萬華的東園一帶，他們在那裡出生、長大，已經傳承到了第二代、第三代，家裡可能是做中藥店的、滷肉飯的、或是美容院的。而這些承接了家業或是自己再創業的年輕人，他們集結在一起，大家合作，希

望能把在地的社區活化。

無論是社區再造或是地方創生，其實是滿相近的概念。我去他們的店裡一家一家探訪，和他們聊一些觀念，這些年輕人讓我很感動的是，他們很用心的開始做了第一刊的《東園誌》。

《東園誌》用可愛、有趣的手法，介紹了這條街上古老的、充滿懷舊氣息的店。如果是一個觀光客來到萬華東園，這個刊物就是一個邀請，像是跟觀光客說：「喔，我希望你們能夠來玩！」

相互拉抬才經營得好

這樣的做法，就好像開啟了一個契機，因為其實不只是萬華，臺灣有很多地方的老街，像是三峽、鹿港等，都是很有歷史感的，只是我們可能沒有好好的經營。

為什麼沒有好好經營？因為我們很習慣各做各的，老街上大家都開冰店、或賣一樣的手工藝品。

《東園誌》的首頁就是標舉老街上的各種店家，有臺式居酒屋的家吶子、豪格鐘錶眼鏡行、東光皮鞋等。這本由二、三十歲的年輕人、小夫妻編的刊物，創刊號介紹了「金華山銀樓」和「王永裕服裝行」，講人的一生中什麼關鍵時刻會買金飾，還有做制服、繡學號的往事，讀起來非常有意思。

這群年輕人用一個小小的刊物來講老店的故事，或是互相到對方的店裡辦一些簡單的活動，分享、運用彼此的資源，大家湊在一起思考可以怎麼合作，除了自己玩，主要也可以讓外地來的人覺得有趣。

無論是運用店家的什麼特點，反正就是找出有賣點的事，然後發表在網路上，也會吸引一群人聚集在一起。不然的話，老店就是默默隱藏在社區裡，大家也不會知道有什麼特色。

大家談「文創」，好像以為要像華山、松菸、或高雄駁二那樣，才算有模有樣，但其實像臺東的鐵花村，小地方也在努力。我想強調的是，每一個地方本身都該自立自強，不一定要靠政府補助，大家可以一起找資源、一起合作。

有的文創特區裡，每家店的客人都稀稀落落，那是因為都各開各的店，沒有彼此拉抬、合作，而是被動等客人上門來，沒有去想可以用什麼方法吸引客人。

我從前去過日本關東的日光，那裡有一個小人國，把世界各地有名的建築縮小展示。我在那看到了臺北一〇一，但也看到高雄的春秋閣，我非常驚訝，春秋閣的龍虎塔竟然也出現了，日本人來日光玩看到後，肯定會想，以後去臺灣也要去春秋閣。

其實每個地方想要吸引觀光客，就是要去琢磨，怎麼說自己的故事、怎麼讓更多人知道。現在的年輕人都很有概念，在國外看了很多，就會想在自己家鄉可以怎麼做，一家帶著一家，慢慢在整個社區擴散。

肥水不落外人田

地方創生還有一個很重要的概念，叫「肥水不落外人田」。例如在臺東有一個小園區要蓋一個建築，有可能會找外面的人來做，這就是肥水外流。

所以說如果要在某個地點做建設，應該要找當地的人來設計、建造，不讓錢被外地賺走。可能你會說當地沒有相關人才，但至少要讓當地的人也能參與，這樣才能促進繁榮。

另外，像是「地產地銷」的概念。很多地方無論當地的特產是什麼，其實大部分都是透過批發商賣到城市裡，製造者只賺了一點點，這點在農產品上尤其明顯。

日本有一種做地產地銷的公路設施叫「道之驛」，一千多個點分布在全國，一般人去各處出差、旅遊時，經過產業道路或像臺灣的省道，就可以在道之驛買當地的農產品。大家常常聽到別人講很偉大的事，像是

ＡＩ、無人店，會感到不安與焦慮，但其實人類在商業上的進化，都是一步一步走過來的，從雜貨店到便利商店，也是慢慢累積的。

不要太急躁，要想「我能做什麼、我的核心價值是什麼」，不要想一步登天，而是衡量自己的實力和財力。因為任何偉大的事業，都是從最小的事開始。

——本文載自《天下雜誌》六五四期〈徐重仁專欄〉，馬岳琳採訪整理，二〇一八。

偉瑩老師 劃重點

臺灣的觀光區常給人的感覺是，每間商店所販售的商品都很像，甚至相同，這大大減少了觀光區的獨特性與吸引力，也難以吸引人再度來訪。缺乏在地的故事，讓觀光變成走馬看花，讓文創缺乏地方特色，某個程度這也反映了活化地方的初衷，到底是為了帶來人潮而已，抑或是振興地方的文化？從小到大，我們從認識自己開始，悅納自己，進而找尋自己的價值。對於生長的地方是否也該如此？在這片土地上的每一個人，都應該要對它有更深的認識與認同，並守護其價值。

1. 創辦《東園誌》的人們來自於哪裡？創辦的目的是什麼？
2. 地方創生有一個很重要的概念，叫「肥水不落外人田」，這是什麼意思？

1. 《東園誌》運用什麼方法來幫助地方吸引觀光客？
2. 地方創生兩個「須知」是什麼？作者提出這兩點的原因是什麼？

1. 作者提到每個地區都應該有自己的故事與核心價值，在你的求學過程中，是否有相關的課程或活動幫助你認識自己所在的地區？這對你的影響是什麼？

爆紅式打卡熱點算地方創生嗎？

這幾年竄紅的「地方創生」在臺灣各地萌芽，但創造一個個爆紅打卡熱點，就算地方創生？若是一時擾動、未能永續共生，終將曇花一現。

從藍晒圖酒吧、佳佳西市場旅店、佳佳小南天、三二一巷藝術聚落的地家食堂，到現在珮柏佳佳旅店正在臺北士林生根，以上有些已功成身退或易地而起，在商業演變上，我學到什麼？

多年來我教育不少來自世界各地的學生與臺灣實習生，相較之下，臺灣學生缺乏生活體驗，沒有旅行深刻記憶的反饋，或在透過旅行經驗想行銷策略時，沒有國際藍圖。反之，外國學生腦袋裡是世界地圖，並以曾去過的中國、韓國、日本或東南亞等，做差異行銷觀察。

當年輕人沒有世界觀，來到臺南正興街怎麼會享受這些以文化創意所衍生的東西：正興咖啡清朝老屋，磚牆自然散出氣味與紋理；蜷尾家傳達冰淇淋可以是臺南時令、世界級的。

但這些真正的臺南味，消費者卻無感，因此蜷尾家是「相機先吃」的打卡點；正興咖啡賣最好的是外帶。

地方聚落不能採一蹴可幾的爆紅式擾動，以珮柏佳佳來說，經過四年深入在地團體耕耘，去年透過里民意識正式轉變為旅館；同時間，佳佳西市場立基客群卻與正興街漸行漸遠。

這麼長的歷程證明，每間特色店家應該努力建立對的消費客群，爆紅式打卡熱點多會帶來消耗性消費。

未來若能再為任何聚落付出，期待鄰里溝通放慢步調，並教育客戶獨特享受聚落的方式，建立差異性的合作，創造永續共生模式。

想像當我們不需要再蓋一個飯店談臺灣文化時，散布在聚落的小空間能以時間換取空間，累積對的消費客群。

以我要推出的「臺甕榻榻米 Room」為例，這個基地是日治時代蓋的臺灣傳統房子，用一排老甕及明朝磚砌出老屋。

但日本文化當時已逐漸疊進臺灣生活，我以此概念做成屋中屋，屋內是榻榻米房間，想像戰後在日式屋子裡泡臺灣茶，以前的阿公阿嬤就是這樣生活的。

臺味手工服裝品牌「小鳥衣衣」，談臺灣時代性累積的文化服飾，擁有東方及臺灣各民族與殖民元素；而更重要的是與地方共生，由在地手工的產業再興職人打版縫製。

地方創生的下一步，是能夠再興在地產業，並具有國際識別度，地方與產業自然能共榮共存。

——本文載自《天下雜誌》六五一期，蔡佩烜，秦雅如採訪整理，二〇一八。

偉瑩老師 劃重點

拍照打卡成為許多人的日常，常常是人還沒吃到美食就讓鏡頭先吃，告訴社群網絡的朋友自己到了哪裡，做了什麼，卻鮮少有人留下內在深刻的文字。

現代人的互動型態，讓人不禁思考旅行的意義是什麼？當大家都不在乎旅行的意義時，那以快速爆紅的手法來經營聚落所帶來的後果，也將成為所有人的共業。

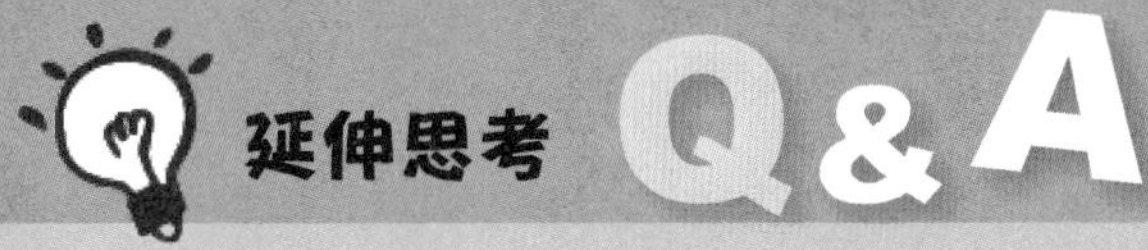

1. 文中所提到的「正興咖啡」，其特色是什麼？
2. 作者指出臺灣學生與外國學生在面對旅行上有什麼差異？

1. 作者建議如果未來要在聚落付出，創造永續共存的模式，應當以何種方式進行？
2. 本文所稱的「爆紅式打卡熱點多會帶來消耗性消費」，是什麼意思？

1. 打卡熱點或是網美名店是不少人旅遊景點選擇的參考之一，你認為透過吸引旅客來訪或打卡的設計是否算是地方創生？有哪些地方的例子可以用來支持你的想法呢？

Chapter 3
循環經濟

環保不等於回收

臺灣推動資源回收已有多年，從學生進入學校就讀開始，資源回收便成為學校生活重要的一部分，也逐漸成為生活習慣之一。資源回收的思維與行動引進臺灣之初，包含三個部分：減量（Reduce）、重複使用（Reuse）、回收（Recycle），減少廢棄物，或物品重複使用，或將可再製的廢棄物回收；後來又增加了兩項：維修（Repair）與拒絕（Refuse），損壞的物品維修後繼續使用，或是拒絕使用不環保的物品等。這些做法中，多是從使用者或消費者的角度來思考，但商品已被製造出來後才想辦法改善，這似乎不是積極的作為。

相對於廢棄物處理，在生產之初便思考資源耗損的問題，是相對更積極的做法，例如從原料與製程選擇，就已經選擇生產廢棄物較易處理者、生產過程廢棄物產生較少者、製造程序或廢棄物處理耗能較少者，從生產的源頭便積極的採用好的方式，運用系統思考，企業更善盡社會責任。企業不再只是著重獲利而已，更對社會、環境的永續發展有所貢獻。然而，當生產與消費的兩方對於廢棄物的減少都盡心之時，我們就能夠期待環境永續的到來嗎？

學術界也積極投入與鼓吹類似的理念。例如在二十世紀末，化學家們便已開始鼓吹綠色化學的概念，阿那斯特斯（Anastas）與華納（Warner）更提出綠色化學十二項原則，其中與循環經濟相關的概念包含：防止廢物、使用重複運用的催化劑、避免製造程序產生額外且無用的產物、讓原子使用程度最大化以減少廢棄物、提高製作過程的能源效率、設計可自然降解的產物。透過學術界的研究，讓生產過程與結果都更能達成永續的目的，將相關的技術移轉給企業使用，以促進自然環境與經濟活動的永續。

雖然自然資源的消耗可能因為資源回收與循環經濟的推行而趨緩，如果人們因此而「安心」的持續消費，那延後的也只是自然資源被耗盡的時間而已。真正應當改善的方式是如何減少欲望，僅做必要的消費。在這樣充斥著行銷與便利的社會中，能不被廣告誘惑而草率購買；不濫用數位消費，增加包裝廢棄物；不因為流行或比較，購買非必要的物品，這些都能減省資源。

據此，本章共選擇了六篇文章，希望能夠幫助大家更了解這個重要的議題。第一篇文章便是以綠色能源的原理、發展與類型談起，說明循環經濟與過去推動方式差異與意義；第二篇則以日本北九州市的經驗為例，介紹這個日本最早工業化的城市如何從汙染城變成了生態城，改善環境過程中政府推動的方式，以及如何創造出新的經濟模式；第三、四篇則實際循環經濟的案例，看看台塑六輕廠如何回收二氧化碳廢棄與工廠的廢熱，讓這些廢棄物能夠充分運用，並產生經濟價值；以及荷蘭的循環經濟發展，敘述一個資源缺乏的國家，如何透過循環經濟的理念與實務，努力擺脫國際情勢的影響，以維持國家發展與競爭力；第五篇以生活中很熟悉的塑膠吸管問題談起，提及了改用甘蔗吸管後所衍生的回收問題，重新思考人們面對這樣可能相對環保的材質是否就能夠亂丟與濫用呢？減少浪費也許才是根本。第六篇延續第五篇提及的節制使用的概念，帶入不同的哲學思考，人們已經熟悉的文明生活是否造成了不必要的消費與欲望，重新思考生命的意義，創造簡單樸實的生活型態。

認識與關心循環經濟的議題，就如同前一個單元「地方創生」中所提到「問題的背後就是解答」，循環經濟也在每個問題背後找尋新的可能，不只是要消除問題，更要創造新的產業。藉由可持續發展且獨立運作的經濟活動，不僅讓企業實踐社會責任，更找到得以開源節流的方式，無論是減少開銷或是增加收入，都讓企業的營收實質增加。

除了政府、學界與業界的努力外，消費者更應當以更友善環境的方式來支持好的企業或店家，讓永續的行為得到實質鼓勵。當科學或科技能夠有效的改善人們生活與解決問題時，我們更該反思自己的選擇可能要面對的未來與承擔的責任，讓人類的態度、價值與行動成為永續真正的解方。

本單元的內容不僅是介紹新的技術、新的產業、新的思維，更期望所提供的視角能夠幫助你從不同的角度來思考人類與環境的關係，進而想像與創造人類與環境間新的互動方式。當我們體認到唯有環境能夠永續，社會生活才得以持續，最終人類才有可能在維持生活品質的情形下，實踐生命的意義。當你開始這樣思考時，你就能夠做出不同的選擇，採取不同的行動，為了人類與環境的永續又推進了一步。

循環經濟模式崛起
廢棄物華麗變身

人類長久以來的發展史中，「物盡其用、永續發展」通常是最高指導原則。然而，過去幾十年來，全球的商業發展在「開採、製造、使用、丟棄」的線性經濟脈絡下，逐漸演變為「用完就丟」的經濟模式，不但造成地球資源耗竭，同時產生出大量地球難以消化的廢棄物。現在，強調「把廢棄物轉換為再生資源」的循環經濟模式崛起，成為世界各國蓬勃發展的新趨勢。

能源危機與溫室效應

以現代人每日不可或缺的交通運輸來說，二十世紀開始，石油、煤、天然氣等化石燃料成為全球產業發展最主要的能源，大量化石燃料的使用導致石油資源日漸枯竭與能源危機，所排放的二氧化碳也造成全球暖化、氣候變遷等溫室效應現象。因此，把能源型態逐步由化石燃料轉向再生能源已成為本世紀重要的能源議題，也是循環經濟中主要的發展課題之一。

綠色能源為長期發展目標

電動車是許多國家與業者積極追求的永續解法之一。小型的家用車利用晚上休息或上班的時間充電，各國積極廣布充電樁以解決電力的接續問題。至於長時間在高速公路上奔馳的大型商用車，部分國家如瑞典、德國、義大利則嘗試建造電力公路，讓大型商用車輛邊開邊充電，全面推廣電動車的發展。

電動車成為潔淨的運輸選項的前提是，其電力的來源為綠色能源。然而，由傳統的化石燃料轉變為真正的綠色能源，需要較長時間的建設與轉型。因此，除了電動車以外，新能源車也受到各國的關注，德國政府即已宣布，二〇一九至二〇二〇年使用電動車及天然氣為燃料的用戶，皆可豁免國家級道路的通行費漲價。

生質天然氣成為選項之一

立即可行的生質天然氣（biogas）也成為選項之一。「生質天然氣」泛指包括糞肥、汙水、都市固體廢物及其他生物可降解的有機物質，在缺氧的環境下，經發酵或者無氧消化過程所產生的氣體，這些氣體主要包含甲烷及二氧化碳，又被稱為沼氣，也是天然氣的主要成分。

根據臺灣中油公司綠能科技研究所的報告指出，生質物分布範圍廣而儲藏量大，具有發展再生能源的優勢。生質能便是把生質物中的化學能轉換為電能、熱能、機械能等能源型態使用。它的原理是生質物利用太陽能把空氣中的二氧化碳吸收利用，並以化學能的方式儲存在生物體內，經由生質能工廠轉換成能源使用，最後再以二氧化碳的形式排放到大氣中。因此，使用生質能可視為一個封閉式的碳循環，即總體能源轉換達到零碳排，這是一種兼顧環保與永續經營的能源型態。

瑞典生質能源廠提供成功範例

以瑞典的生質天然氣能源廠的運作為例，相關單位蒐集了汙水、堆肥、垃圾、排泄物等有機廢棄物後，交由生質天然氣能源廠進行厭氧再生，隨後分離出沼氣成為可用的燃料，再將剩餘的固態物質製成生質肥料，提供當地的農業發展。如此一來，不但垃圾達到減量的效果，也降低有機廢棄物產生的沼氣直接排放成為溫室氣體的機會，同時可提供乾淨的燃料與肥料，減少化石產品的使用。

歐洲某些國家已著手嘗試以生質天然氣為運輸燃料。英國正全力推動厭氧消化技術，將垃圾、廚餘、排泄物轉化成車用燃料；瑞典的斯德哥爾摩，全市有三百多輛公車以生質酒精或生質天然氣為燃料，不但大幅降低二氧化碳的排放量，價格也比石油更便宜。

車商當然也看到這樣的趨勢，來自瑞典，成立於一八九一年、身為世界重型商用車領導品牌之一的Scania，即體認到全球環保意識抬頭，決定為運輸業界尋求兼顧友善環境和企業責任的解決方案。在全電動化尚未成熟前，Scania積極發展非化石燃料新動力，包括天然氣、生質氣體、生質酒精、生質柴油、氫化植物油及油電混合動力等替代燃料，成功提升燃油效率、降低二氧化碳排放量，布局「永續運輸」的藍圖。

以臺灣來說，廢棄物資源化一直是政府的施政方向之一。根據行政院的資料指出，臺灣目前垃圾回收率達到百分之五十八，高居世界第三，預估至二〇二一年時，更可達百分之六十一。若臺灣能進一步將廢棄的垃圾轉化為乾淨再生的能源，可望降低化石燃油的使用量與垃圾的掩埋量，將成為我們邁向循環經濟的一大步。

——本文載自《天下雜誌》，鄧立青、整合傳播部，二〇一九。

偉瑩老師 劃重點

臺灣推動資源回收已有多年，從學生進入學校就讀開始，資源回收便成為學校生活重要的一部分，也逐漸培養成生活習慣之一。資源回收的思維與行動引進臺灣之初，包含三個部分：減量（Reduce）、重複使用（Reuse）、回收（Recycle），也就是減少廢棄物，或物品重複使用，或將可再製的廢棄物回收。循環經濟在這個基礎上，採用了更積極的態度，不僅思考廢棄物如何再利用，更期望廢棄物的運用可以正向的取代汙染環境的物質，對於天然資源珍貴的臺灣來說，這個議題不僅與我們密切相關，也顯得更加重要。

1. 文章中提到了哪些類型的綠色能源？
2. 瑞典是如何運用有機廢棄物轉化成燃料呢？

1. 文章標題中提到「廢棄物華麗變身」，這句話是什麼意思？
2. 如果以生質能的封閉式的碳循環為例，可以如何說明循環經濟的意義？

Level 3

1. 文中提到「臺灣目前垃圾回收率達到 58%，高居世界第三，預估至 111 年時，更可達 61%。若臺灣能進一步將廢棄的垃圾轉化為乾淨再生的能源，可望降低化石燃油的使用量與垃圾的掩埋量，將成為我們邁向循環經濟的一大步。」，除了因為垃圾回收率很高之外，你覺得臺灣還有哪些必須考慮發展循環經濟的原因呢？

汙染城變生態城
北九州輸出綠色成長模式

位於九州島北端、距離福岡一小時車程的北九州市，是日本最早工業化的城市。這兒有著一九〇一年就開始生產鋼鐵的東田第一高爐，被譽為是日本現代工業的誕生地，奠定了日本二次大戰前的工業基礎。

東田第一高爐於一九七二年停產，成為日本工業史重要一頁。如今，北九州市在其原址建立環境博物館，成為教育學童與各國研究者的基地，因為曾經遭受嚴重工業汙染之苦的北九州市，二〇一一年被經濟合作暨發展組織（OECD）選為綠色成長典範城市，與巴黎、芝加哥、斯德哥爾摩並駕齊驅。

「北九州市具體而微的呈現出了日本經濟的轉型。」北九州環境博物館館長中薗哲，對參加 Jefferson 獎學金研修計畫的十多位各國記者說。

這段歷程，從洞海灣（Dokai Bay）的變化看得最清楚。在一九五〇年代，因為豐富煤礦與優越地理位置，洞海灣周遭聚集了鋼鐵、水泥、化學等相關產業，未經處理的廢水直接排入海中。海水嚴重汙染，不只魚類、貝類，就連大腸桿菌也難以生存，被稱為「死海」。中薗哲說，大家都知道海水裡有重金屬，沒人敢吃海鮮，這也是北九州並未像熊本市發生水俁病的原因。

北九州市的轉型工作超過半世紀。現在，除了獨善其身，他們還要推廣到亞洲甚至世界各個角落。新的急迫性，一是全球暖化日益加劇，一百多國簽署巴黎協議，宣示減碳與綠色發展。第二個新挑戰，是從中國飄過來的 PM2.5，影響空氣品質，北九州市也希望能貢獻，分享他們的轉型歷程。

一走進環境博物館，一張放大版的老明信片映入眼簾，北九州市天空充滿工廠排出的七彩煙霧。中薗哲說，當時居民都把這現象比喻為彩虹，認為工業進步帶來了繁榮和財富，也帶來幸福。

工業進步，卻讓環境付出代價。當地小學被工廠環繞，落塵把屋頂的漏水管都堵住，小學生每天上學第一件事，就是清洗空氣清淨器的濾網。「煤煙塵沾在每天剛洗好的衣服上，收回來都是黑的。」七十四歲的北九州市民豊澤樂子回憶說，當時她年紀小，幫媽媽每天洗弟妹的尿布，感觸最為深刻。

北九州的改變，就是由一群母親所發動的。媽媽們注意到，再努力清掃，家中永遠積滿灰塵；小孩在公園玩五分鐘，臉就全黑了。她們更擔心小孩的健康，於是開始採取行動。

中薗哲說，從一九六〇年代末期開始，婦女會請來大學教授講課，自己蒐集樣本進行研究和實驗，寫成汙染物報告，帶到市政府和工廠，希望他們重視這個問題，甚至拍了一部名為《還我藍天》的紀錄片。

北九州市副市長梅本和秀指出，汙染問題能被解決，主要是政府、企業與民間組織三方，是以合作而非批評的方式溝通。

地方政府在得知汙染問題嚴重性後，一方面修改法規，在一九六七年通過日本首部環境法；另一方面提供企業誘因，政府補貼了八千億日圓、企業則投入兩千五百億日圓，改善生產流程以及汙染排放。

此外，企業與居民也非處於對立，住在工廠周遭的居民，能定期進工廠參觀環境改善狀況。

環境治理並未讓經濟受損，反之還有益。梅本說，一九七〇至一九九〇年間，企業積極治理環境汙染同時，也把技術賣到日本其他地區，這段時間內北九州的GDP反而擴張了四倍，他說：「我們希望創造雙贏，一邊治理環境，一邊也兼顧經濟。」

除了在日本分享經驗，北九州市更希望改變世界。二〇一〇年，北九州市成立亞洲低碳研究中心，致力於將消除汙染的「北九州模式」向全亞洲乃至於全世界輸出。

中心首席顧問大上二三雄表示，此一模式除了汙染治理，更希望達到經濟、環境與社區同步發展的目標。以永續發展為框架，低碳研究中心有四大主要研究領域：用水管理、廢棄物管理、清潔生產與汙染管理，以及能源管理。

大上指出，廢棄物其實可成為資源。舉例來說，從前鋼鐵廠直接把廢爐渣倒在洞海灣，造成海水重金屬汙染，但新法規問世後，廠商不能再隨意傾倒爐渣，而必須經過處理，把有害物質分離出來，餘下的無害爐石再用來填海造陸，北九州機場就是實例之一。

政府的鐵腕，也是讓企業改變的重要原因。大上表示，北九州市為了對抗汙染，特意修改法規，設定高於中央的環保標準。企業必須想辦法改善製程，解決汙染，否則就是被強迫遷移或關閉。在一九九〇至二〇〇〇年間，北九州一半以上的工廠關閉了。

為何沒有廠商抗議、威脅出走？大上二三雄說，有些廠商一開始會抗議，但一旦法規公布，違反的企業會在報紙上被公開羞辱，「有些企業威脅出走，但最終沒有任何一家離開日本。」

迄今為止，已經有來自五十多國、兩百位專家來北九州學習，如何秉持節能、減少廢棄物、增加回收，減少汙染也能獲利的做法。

研究中心的對外推廣集中在東南亞地區，尤其是印尼、柬埔寨、越南、馬來西亞等開發中國家，由中心提供諮詢，日本企業提供服務。合作項目包括改善民生用水質、廢棄物分類與回收堆肥、以及節能照明等等。

許多中國城市也積極與低碳研究中心合作。北九州市環境局環境國際戰略執行長石田謙悟指出，北九州跟中國從九〇年代末開始合作，許多日本企業進駐大連的生態示範區。例如來自北九州小倉的稻田光觸媒，就在大連設立分公司，將光觸媒技術引進中國，改善室內甲醛、苯等有機揮發物的影響。

北九州市也與天津、青島、上海等城市合作，派出研究人員到各個中國城市，調查各地汙染狀況，提出最佳解方。他們的目標，是希望在未來五年內，綠色商機的業績能增加五兆日圓，占國家總體目標一成。

從以七彩煙霧天空自豪的工業城，到現在以輸出清淨科技賺顧問財，北九州市的脫胎換骨已經完成，希望能幫更多城市解決汙染，創造新商機。

——本文載自天下 Web only，劉光瑩，二〇一六。

偉瑩老師 劃重點

許多已開發國家都曾經歷過以經濟優先的階段，為了促進經濟發展而忽略了環境汙染的影響，或是未能預期到發展過程對於環境可能造成的傷害。當人們為環境汙染開始付出代價時，呼籲正視問題的聲音就開始出現了。有些地區是為了環境捨棄經濟，也有地區選擇顧經濟而捨棄環境，而北九州市則不將環境與經濟視為對立的兩方，找到了平衡兩者的可能。面對類似環境與經濟，全世界快速發展下的複雜兩難議題，該如何學習以新視角來解決困境，或許可以從本文的例子中得到一些啟發。

延伸思考 Q&A

Level 1

1. 為何北九州市想要將自己的轉型工作推廣到亞洲，甚至世界各個角落？
2. 為了讓企業能夠配合轉型，北九州市政府祭出了什麼鐵腕？

Level 2

1. 北九州市為何選在東田第一高爐的原址建立環境博物館呢？
2. 北九州市在治理環境汙染的同時，是如何兼顧了經濟發展呢？

Level 3

1. 本書第二單元「地方創生」中曾經提到「問題的背後就是解答」，如果以北九州市的經驗，你會如何詮釋「問題的背後就是解答」這句話？

循環經濟變魔術，工廠排碳竟能做乾冰、可樂？

六輕排放的溫室氣體，竟做成今年跨年晚會的乾冰？別懷疑，這件事已經發生。隨著全球致力減碳，雲林麥寮六輕把原來排出的二氧化碳收回來，完成臺灣第一個二氧化碳零排放的循環經濟。

當聯合國氣候變遷綱要公約（UNFCCC）第二十三屆締約國大會在德

國舉行，臺灣減少二氧化碳排放有了新成果，雲林麥寮六輕的南亞2EH（異辛醇）工廠完成了臺灣石化業的第一個二氧化碳循環再利用零排放的案例。

原本應該排放在大氣之中的二氧化碳再製作成乾冰、二氧化碳滅火器、食品冷藏劑；進一步也可純化、提煉成食品級二氧化碳，變身汽水、可樂的原料。

二氧化碳用途多，化廢物為好物

南亞2EH廠，生產的是塑化劑、油漆、塗料的原料，這座工廠蓋在一九九九年，本來每年排放3.33萬噸的二氧化碳到大氣之中，現在

2EH廠自己回收0.26萬噸二氧化碳再利用、然後把0.88萬噸二氧化碳賣給同集團的台塑正丁醇廠、2.19萬噸賣給非台塑集團的二氧化碳製造商中塑油品，做成各種二氧化碳製品。

回收二氧化碳有何特殊？雲科大副校長、環境與安全衛生工程系特聘教授徐啟銘說，六輕2EH循環經濟是臺灣創舉，一是把原本排放的二氧化碳循環再利用，二是減少了2EH等工廠的輕油（2EH原料）的使用量，而且回收的二氧化碳用途甚廣，例如工業、食品，甚至博物館清洗也要用到二氧化碳，希望六輕能夠回收更多二氧化碳給臺灣各行各業使用。

把原本排放的溫室氣體二氧化碳循環再利用很容易嗎？台塑集團總管理處總經理林善志說，台塑集團推動2EH減量、循環再利用前後花了近十年，才將所有的二氧化碳減量到零。為什麼要花這麼久的時間？第一步，要先建立含括了六輕所有工廠的資訊流、物質流、能量流的平臺。簡單的說，就是把每個工廠多出什麼、需要什麼都上平臺，例如2EH廠有多的二氧化碳、氫氣、廢氣要排放，但台塑正丁醇卻需要用二氧化碳做原料，兩個剛好互補。

「別人的廢棄物，是我的原料」的理念雖好，實務上卻不容易，因為兩個廠興建時間差了八年，也就是說2EH蓋好多年，正丁醇廠卻還不知道在哪裡。

南亞2EH廠長張暉宗說，以往各石化廠都是獨立運作一個體系，從進料、生產，盡可能在一個工廠內完成。後來透過資訊流平臺發現，台塑的正丁醇廠需要二氧化碳作為原料，又發現南亞的異壬醇、過氧化氫廠、丁二醇，需要自己多餘的氫氣作為原料，而隔壁的塑化劑廠跟自己一樣都有多餘的廢氣。

環環相扣的供需鏈，靠團隊規範

接著第二步，要打破各自本位主義，追求資源使用最大化、廢棄最小化。整個六輕主要分為四大公司，以及非台塑集團的長春集團，雖然是親兄弟也要明算帳，各自對自己的股東負責，不能因為要減少二氧化碳排放，就要別人照單全收自己的二氧化碳。

林善志說，「台塑正丁醇廠原本使用輕油來生產自身所需的二氧化碳，如果要使用2EH排放的二氧化碳，那自己原先投資的設備要不要停、相關操作人員是不是不需要了，如果供料出了問題，誰該負責任，更不能趁人之危，坐地起價。」

這是推動循環經濟很重要的一點，不是為了減碳就什麼都不管，而是必須釐清雙方權利義務與利益，並用合約來規範。因為對於台塑正丁醇廠來說，不僅要停掉部分設備，還必須投資一條長達七公里的管路，把二氧化碳接過來，投資金額動輒數千萬，必須得到保障。

最後需要的是決心。2EH廠推動二氧化碳、氫氣、廢熱循環經濟的時間長達十年，為何要這麼久？林善志說，「想要減少二氧化碳排放沒辦法一步登天，總共分成了三個階段，每次變動都要跟原技術廠商討論，這樣變動會不會影響到生產、產品品質，更重要的是不能影響到安全。」一次又一次改進，直到去年底才完成了二氧化碳零排放。

這樣的循環經濟帶來什麼好處，一是二氧化碳循環利用，減少了輕油使用量，二是氫氣循環利用 0.33 萬噸，第三是連過去排放掉的廢（尾）氣也投資興建高溫氧化器，回收廢氣燃燒產生蒸氣再利用，每個月省下六百多萬的費用，廢氣也零排放。不過減少 3.33 萬噸二氧化碳排放，對於一年排放數千萬噸二氧化碳的六輕，徐啟銘認為，台塑集團目前努力可以肯定，但仍有很大的進步空間。這代表一切才剛剛開始，六輕要做的還很多，才能達到零排放、零廢棄的循環經濟。

——本文載自天下 Web only，呂國禎，二〇一七。

偉瑩老師 劃重點

石化工業一直以來都與空氣汙染畫上等號，這也使得一般民眾不歡迎這樣的產業進入自己居住的地區。然而，石化工業除了製造燃料外，更在石油分餾過程中製造了許多民生用品需要的原料，使我們的生活和石化工業產生了微妙的關係。石化工業在製造過程中產生不僅產生廢棄物，更有廢熱，這些都是可以再利用的重要資源，如能有效的將這些可能影響環境的物質與能量轉換成有助於減少環境汙染的資源，對於人類與地球的長期發展都將深具意義。

延伸思考 Q&A

1. 臺灣有哪些減少二氧化碳排放的成果？
2. 台塑 2EH 廠推動二氧化碳、氫氣、廢熱循環經濟的好處有哪些？

1. 「台塑集團推動 2EH 減量、循環再利用前後花了近十年」，需要這麼長的時間才完成的原因是什麼？
2. 發展循環經濟除了是企業展現對於環境保護的社會責任外，對於企業本身還有什麼意義？

1. 根據文本與你所知，如果要依據氣體對於地球與人類的影響分為好的與壞的兩種，你會如何定位二氧化碳？為什麼？

荷蘭打造循環經濟新矽谷

位在荷蘭首都阿姆斯特丹市中心西南方的史基浦機場，是所有訪客來到荷蘭的第一站。

到了史基浦機場，就不能不提，它是全球航空城發展的典範，到今天仍然經營得有聲有色，是各國經營機場爭相仿效的對象。

但史基浦機場公司並不就此滿足，二〇一六年九月十九日慶祝一百歲生日的它，再次提出一個雄心勃勃的計畫——二〇三〇年，要成為全球第一座達成零廢棄物的「循環機場」（circular airport）。

平均每天有十六萬名旅客、四千四百噸貨物和一千兩百架次飛機進出的史基浦機場，垃圾、廢水、二氧化碳等廢棄物的總量，是非常驚人的。

「其實我們離那個目標並沒有很遠，」史基浦機場集團總裁兼執行長耐荷（Jos Nijhuis）自信的說，「只要能落實循環經濟，就可以做到。」

原來，耐荷的自信是來自於循環經濟已成為荷蘭的全國共識，也是荷蘭政府推動下階段經濟永續發展的最高指導原則，要把荷蘭打造成全球邁向循環經濟的矽谷、創新中心。

今年四月，在史基浦機場旁的貿易園區，荷蘭三十多家企業、非政府組織和政府共同舉辦了稱作「循環熱點」（The Netherlands Circular Hotspot）的會展活動，配合荷蘭擔任歐盟輪值主席國，對全世界宣告，荷蘭循環經濟正式鳴槍起跑。

「荷蘭高度依賴進口原物料，轉型為循環經濟，可讓我們遠離國際政治和經濟危機，」擔任大會主席的荷蘭皇室成員卡洛斯親王（Prince Carlos de Bourbon de Parme）解釋，「運用資源的選擇，讓我們不受地緣政治或經濟的影響。」

荷蘭應用科學研究組織TNO估計，轉型循環經濟可以幫助荷蘭減少十萬噸原物料消耗，減少百分之二十五進口原物料和近兩萬噸碳排放。同時，可為荷蘭經濟新增七十三億歐元產出和五萬四千個就業機會。

而荷蘭打造循環經濟矽谷的目標，將由首都阿姆斯特丹打頭陣。

去年初，阿姆斯特丹市議會通過「阿姆斯特丹永續發展計畫」（Sustainable Amsterdam），循環經濟將是計畫的中心思想。

「我們是將循環經濟當作經濟轉型的全新思維。」阿姆斯特丹市政府永續發展資深顧問蓉可芙（Eveline Jonkhoff）說。

這個中心思想，分成七大原則：

1. 使用百分之百再生能源。
2. 產品、製程設計模組化、彈性化，提高系統面對市場改變適應力。
3. 建立區域反向物流（回收）系統。
4. 所有原物料實現無限循環。
5. 資源使用必須創造價值。
6. 透過新商業模式，消費行為從「擁有產品」轉向「使用服務」。
7. 人類活動必須為生態系統帶來正面影響。

前置作業——對整座城市進行「資源掃描」

阿姆斯特丹市政府第一步先委託研究機構，根據這七大原則，進行「城市掃描」，也就是全面分析循環經濟可為阿姆斯特丹帶來什麼好處、要排除什麼障礙，以及政府可如何加速實踐循環經濟。

同時，調查清楚整個城市的「物質流」，也就是從哪裡取得什麼資源、使用多少，從哪裡產生什麼廢棄物、量有多少？

「這樣就可以找出從哪裡開始做循環經濟最合適、可產生最好的效果。」參與調查研究的荷蘭循環經濟基金會執行長雷德利（Andy Ridley）說。

依照調查結果，阿姆斯特丹市政府挑選了史基浦機場、阿姆斯特丹港、花卉（鬱金香）拍賣市場（Royal FloraHolland）和網路交換中心（Amsterdam Internet Exchange）作為循環經濟的四大實驗場。因為這四處都是能資源消耗大、廢棄物產生多、溫室氣體排放量大的機構。

在這些地方，荷蘭企業可以測試它們開發的循環經濟產品、服務和商業模式，然後將經驗複製到其他地點，逐漸擴大循環經濟的覆蓋範圍。

荷蘭第一大企業飛利浦，就在史基浦機場首次大規模應用「不賣燈泡、賣照明服務」的新商業模式。

阿姆斯特丹港北岸，已嚴重汙染的荒廢重工業區布克斯羅特漢（Buiksloterham），則被規劃為「循環社區」，提供新創企業發揮各種創意的空間，就像是個循環經濟的育成中心。

「從已知的地方做起，並從做中學，是我們很重要的策略。」蓉可芙說。

雖說荷蘭政府已經動起來，但循環經濟在荷蘭，其實是個從下到上的草根運動。

企業為主、政府為輔——四十家企業組循環基金會

「最早是芬洛市（Venlo）實踐『搖籃到搖籃』的理念，鼓舞了很多企業、地方社區和公民團體。」荷蘭駐臺代表紀維德（Guy Wittich）說，這股力量慢慢從地方社區、地方政府和企業累積上來，直到去年才由中央政府接納為國家政策。

蓉可芙也強調，「企業才是循環經濟的主角，政府的角色是從旁協助，營造一個好環境。」

所以，要實踐循環經濟，政府和企業之間必須緊密的合作，而「合作」(collaboration)，也是「循環熱點」活動中，最常聽到的關鍵字。企業之間、各級政府和各業務主管機關之間，都需要跨界合作。

「因為轉型循環經濟不能只看單一部門，而是要看整個價值鏈，是個系統性改變，」蓉可芙說，「這也是實踐循環經濟最大挑戰所在。」

「循環熱點」活動主辦單位荷蘭循環經濟基金會，就是由飛利浦、海尼根、荷蘭銀行等四十幾家企業、非政府組織，共同成立的一個合作社形式組織，作為推動循環經濟轉型、整合各種不同利害關係人的平臺。

史基浦機場就是個荷蘭官民合作，推動循環經濟轉型的展示櫥窗。

機場新設施，現在一律採用循環經濟標準，例如由荷蘭設備製造商范德蘭德（Vanderlande）設計的全球第一套循環行李輸送系統「Blueveyor」，百分之九十九零組件可回收再利用，而且零組件數量比一般系統減少近一半，能源消耗少百分之六十。

舊建築拆除後的瓦礫，回收後用來鋪設飛機滑行道。機場和飛機的有機廢水（排泄物），回收製成有機肥，供周圍的農田和植栽施肥。

除了史基浦機場之外，有的荷蘭企業透過產品與製程的重新設計、建立回收再製造系統；有的透過創新商業模式，成功實踐整個企業或單一產品的循環經濟，不但大幅減少原材料消耗、降低廢棄物產生，也產生了顯著的經濟效益。

看見荷蘭政府和企業的積極，黃育徵有感而發的說，「循環經濟其實在荷蘭也只是剛開始，臺灣也有機會成為循環經濟的創新中心，擺脫總是做跟隨者的命運，只要我們願意改變思維。」

荷蘭卡洛斯親王：荷蘭要更掌握自己的命運

卡洛斯親王是現任荷蘭國王威廉・亞歷山大的表弟，近年致力於參與推動荷蘭轉型循環經濟，擔任「循環熱點」（The Netherlands Circular Hotspot）活動主席，他在受訪中提到：

「荷蘭現在遇到的最大現實問題，就是當前大量消耗天然資源，大量生產製造，用完就丟的線性經濟發展模式，已經走不下去了。

一九五〇、六〇年代，荷蘭為了解決當時的國家危機——水患，舉全國之力找到與水共生的創新方法。現在，我們又有另一個危機，就是人口膨脹，需求不斷增加，但全球原物料越來越稀缺，各種自然、政治、經濟因素造成供應與價格越來越不穩定，高度依賴進口天然資源的荷蘭，越來越無法掌控自己的國家命運。

所以，我們要複製過去的治水經驗，再次舉全國之力，解決這個現實危機，轉型為循環經濟，就可以讓荷蘭遠離國際政治和經濟危機，運用資源的選擇，讓我們不受地緣政治或經濟的影響。

在荷蘭，還是有些人不了解循環經濟，認為是個成本、負擔，就像過去大家認為企業賺錢之外的事情都是成本。九〇年代開始有人鼓吹企業社會責任，循環經濟可說是企業社會責任的更進一步，讓大家體認到，原來只要改變一下商業模式，轉型為循環經濟，就可以讓企業在協助解決世界種種問題的同時，也可賺錢，這就是一個基本態度的根本改變。

到目前為止，我認識的企業家，都認為循環經濟不僅不是成本，還可以創造利潤和工作機會。何況，事實已經證明，只顧賺錢的種種後果，如：汙染環境，最後都會回過頭來變成企業的負擔和風險。」

——本文載自《天下雜誌》六〇七期，辜樹仁，二〇一六。

偉瑩老師 劃重點

循環經濟不僅僅是處理廢棄物，更是透過資源循環運用，使得人類的繁榮不再與自然資源的耗損產生連動，企圖在經濟與環境上取得平衡，讓人類與自然都能夠永續發展。隨著全球所面臨的挑戰越來越艱鉅與困難，不只要對於各種情形掌握得宜，更要能夠運用人類已知的知識，以新的方式，在問題中找出新的機會，這是作為全球公民的我們都應該具備的態度。

延伸思考 Q&A

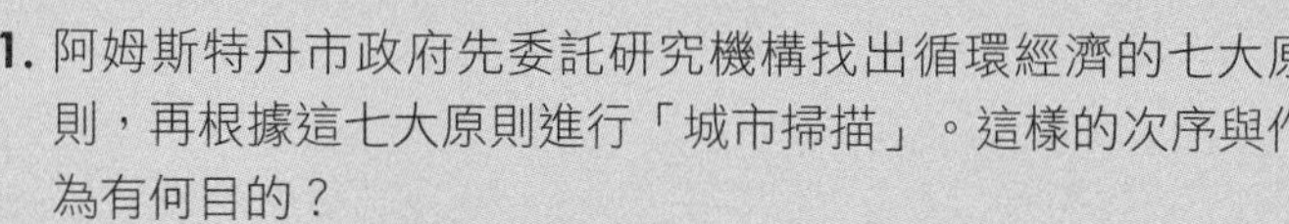

Level 1

1. 阿姆斯特丹市政府先委託研究機構找出循環經濟的七大原則，再根據這七大原則進行「城市掃描」。這樣的次序與作為有何目的？
2. 根據荷蘭應用科學研究組織 TNO 的估計，轉型循環經濟對於荷蘭的經濟有何實質助益？

Level 2

1. 為何本文提到「企業才是循環經濟的主角，政府的角色是從旁協助」呢？
2. 荷蘭企圖要打造「循環經濟『矽谷』」，其中「矽谷」一詞是 1971 年創造出來的，是高科技事業雲集的美國加州聖塔克拉拉谷（Santa Clara Valley）的別稱。新地名之所以有一個「矽」字，是由於當地多數企業都與高純度矽製造的半導體和電腦有關，多年來，矽谷地區創造了無數奇蹟和財富。現在矽谷這個名詞被用來泛稱新興專業性科學城區。荷蘭政府與民間為何認為循環經濟的發展能創造出荷蘭的矽谷呢？

Level 3

1. 臺灣與荷蘭同樣都有天然資源短缺的困境，經濟發展上也可能受到國際政治和經濟危機等因素的影響，在面對相同問題上，有哪些地方值得臺灣借鏡與反思？

甘蔗渣吸管很環保？救海龜前，恐先變循環經濟災難

塑膠吸管卡在海龜鼻子、海鳥啄塑膠餵食幼雛的震撼畫面，讓限塑成為臺灣重要政策與目標。二〇一九年七月，臺灣的公部門、公私立學校、百貨公司及購物中心、連鎖速食店等四大類共八千家業者規定不得提供內用者一次用塑膠吸管，並按階段一步步限塑，到二〇三〇年全面限制一次性塑膠的使用，臺灣在限塑政策上領先全球。

塑膠吸管不能用怎麼辦？各種替代商品紛紛問世，當紅的莫過於甘蔗渣吸管，號稱拒絕中國高價買斷專利，堅持要留在臺灣。除此之外，因應

限塑政策，如麥當勞、統一超商、星巴克等業者採用了可分解塑膠（PLA）來做沙拉碗、聖代杯及透明飲料杯來替代塑膠容器。

乍看之下，用甘蔗提煉蔗糖剩下的廢棄物製作吸管，比塑膠吸管環保多了，但實際上，現行技術沒辦法百分之百用甘蔗渣做吸管。所謂的甘蔗渣吸管，是添加了PLA才能做成吸管，這種可分解材質碰上了臺灣垃圾處理與回收體系，不僅沒有比較環保，一個不小心混進傳統塑膠回收體系，還會造成循環經濟的災難。

PLA需要在特殊環境下才可能分解，而臺灣並沒有建立PLA分解體系，只能跟一般垃圾一樣送去焚化爐。然而塑膠吸管的最後旅程就是焚燒，強調可分解功能的甘蔗渣吸管也是焚燒，可分解功能變成毫無用武之地。

能不能走廚餘處理體系來發揮可分解的功能？答案是可行的。但看守臺灣協會祕書長謝和霖說，PLA必須在特定的溫溼度環境、特殊的厭氧環境下才可能分解，臺灣堆肥設施已經不足了，根本沒有餘力去堆肥處理甘蔗渣吸管。除非臺灣大量增加廚餘堆肥廠，才有可能幫忙處理PLA，屆時將出現垃圾車的廚餘桶丟滿甘蔗渣吸管、星巴克透明咖啡杯、麥當勞沙拉盒的景象。

然而，分解過程還有新問題，環保署官員私下表示，從製造過程看，PLA來自玉米、樹薯等植物，製造過程中的二氧化碳排放量也比傳統塑膠少很多，但分解過程卻反過來，PLA的分子式是$C_3H_4O_2$，分解過程中會釋放甲烷，最後變成二氧化碳與水，反而會增加溫室氣體排放量，加劇地球的極端氣候。

再從成分來說，廚餘堆肥的目的是把廚餘變成植物需要的氮、磷、鉀等養分，但PLA分解之後就是二氧化碳加水，毫無養分可言，對植物來說是可有可無的垃圾。

更重要的是，民眾千萬別以為是甘蔗渣、可分解塑膠就隨便亂丟，讓它在野外自己分解。PLA沒有特殊環境，是無法在短時間內分解，照樣會變成跟塑膠一樣的垃圾，一樣會有被海鳥、海龜誤食的問題。那麼能不能回收？臺灣曾有業者嘗試回收PLA，但由於可分解的特性，不能存放太久，會在蒐集、儲存過程中產生部分分解的現象，所以再生過程中還必須添加一定比例的全新PLA，增加了額外成本，因此放棄回收PLA。

更可怕的是，PLA外型跟寶特瓶原料PET（聚酯）幾乎一模一樣，回收過程中很容易被當成一般塑膠分到塑膠類，或者忘了把吸管拿掉，混在飲料杯一起被回收。

連泰紙業副總經理連大鈞說，過去曾發生ＰＬＡ混進紙杯、利樂包回收製程中，輕則造成機器設備堵塞，嚴重的話，整批回收的塑膠都會報廢。

環保署要求回收過程中，ＰＬＡ不能混在一般塑膠類，但問題是，有多少人知道什麼是ＰＬＡ？有誰會在丟垃圾時，仔細看每個塑膠容器底部的號碼，或詢問這根甘蔗渣吸管到底有沒有含ＰＬＡ？變成了ＰＬＡ無處不在，能分辨或願意分辨的人卻很少。

問題不是材質，而是濫用

原罪不是ＰＬＡ，而是臺灣現階段沒有一套完整的回收、分類體制。環保署回收基金會執行祕書許永興說，也許有一天石油沒有了，我們需要用植物去替代塑膠，所以鼓勵ＰＬＡ持續發展與研發是對的。

回到最源頭，海龜、海鳥吃塑膠，問題不是在材質，而是亂丟、濫用。謝和霖說，「要限制一次性塑膠使用，是因為它太廉價了，而產生濫用這個行為不對，所以我們需要的不是限塑、而是限用，減少濫用，而不是限用塑膠這個材質，塑膠袋好好用的話，其實也是可以回收的。」因此民眾別以為甘蔗渣、可分解就是環保，濫用、亂丟一樣是問題，而且必須負起更多的責任。下次丟垃圾前仔細看杯底的號碼，別把ＰＬＡ丟到塑膠回收類，或者乾脆不支持使用破壞循環經濟的ＰＬＡ。真正的環保是減少浪費、濫用，並且讓循環經濟能夠不斷運行。

——本文載自天下 Web only，呂國禎，二〇一八。

偉瑩老師 劃重點

我們不斷的在尋找著能夠讓人們隨興過日子的生活模式，「如何讓人們更便利？」是許多商業活動的思考重點，隨著全球永續的議題被重視，人們應該如何與環境共存成為更重要的共識。2015 年聯合國提出了 17 項全球永續項目，期望 2030 年能夠在各項目上有顯著的進步，生活在這個時代的你，是否清楚未來將要面對的挑戰，以及因應的態度呢？

延伸思考 Q&A

Level 1

1. 臺灣的哪些限塑政策領先全球？
2. PLA 也是塑膠的一種，為何會被當成環保材質？

Level 2

1. 甘蔗吸管發明的本意是為了環保，也確實能達成塑膠減量的情形，但為何仍在環保上存在著爭議呢？
2. 本文真正想要傳達是何種環保意識？

Level 3

1. 海龜鼻孔被塑膠吸管插入，鯨魚誤食塑膠袋致使胃被塑膠阻塞、撐大而餓死，信天翁誤將塑膠當成食物餵養幼鳥而致死，這些事件都是我們耳熟能詳的汙染事件與影響，即使學校教育或是相關機構不斷的傳達減少塑膠使用的概念，但塑膠的使用量仍高居不下。當人類的生活便利與地球環境之間產生的矛盾與衝突，關於生活中「需要」與「想要」的討論不停出現，以及生活的便利與環境的保育間可能產生衝突時，你是如何選擇與思考這個問題呢？

後疫情時代新哲學：夠了就好

新冠肺炎改變了一切。從人類生活到自然環境，都天翻地覆。這百年來重創人類社會最巨的傳染病，讓城市沉寂了，地球卻活過來了。人們驚覺，原來地球經過短暫排毒，可以如此迅速回復清淨。臺灣原本就有一群都市人，選擇走入山中與自然環境和諧共存，七成食物來自親手栽種。他們為什麼篤信減法生活？又該如何辦到？

從北京、曼谷到新德里，許多居民不敢相信自己的眼睛。官方數據顯示，中國多個城市二月的 PM2.5 濃度降到二〇一四年以來同期最低。印度新德里的 AQI 從平常的兩百降到二十，很多印度人有生以來第一次看見藍色天空。

從澳洲的袋鼠到英國的山羊，都從野外進入人類世界，在空無一車的街道上肆意跑跳。

極為諷刺的，在世界地球日運動滿五十週年之際，路上沒有汽車、工廠生產減少、人們減少出門與購物，讓地球找回了一百年前的乾淨環境。

在臺灣有一群人，早在大疫來臨前，就相信減法生活對地球的好處，走入另類生活方式。

走入天母後山，尋回生活真諦

驅車來到臺北市中山北路七段，來到野蔓園，很難想像這兒離臺北的塵囂車程僅二十分鐘。這是樸門永續基地，實驗對土地和人類友善的生活方式。

樸門（Permaculture）融合了永恆（permanent）、農業（agriculture）和文化（culture）的觀念，由兩位澳洲生態實踐家於一九七四年提出，藉由觀察與模仿自然運作的模式，學習以「順天應人」的方式，設計出讓人們在環境中能充分獲得食物與能量的系統。

放眼望去，這一甲半的園地，跟一般印象中單一物種的果園或菜園不同。野蔓園的菜園是「雜菜園」，各種菜長在同一塊土地上，有韭菜、青蔥、生菜、茄子等。

因為生物多樣性，才是大自然的常態。

一九八二年次的郭子綾，綽號鍋子，一年前來到野蔓園擔任志工。在每週幾天上山的生活中，她拔菜、餵雞，在園子裡照料蔬菜水果，晚上就睡在沒裝潢與空調的小木屋，以蚊帳隔開凶猛蟲子襲擊，洗澡用的熱水必須自己劈柴來燒。「早上起來覺得自己好像公主。」她開玩笑說。

在野蔓園，志工們七成食用的食物，都是來自園子裡與手作。

遭逢人生劇變，從都市回到自然

這是一個自給自足的生活實驗。

鍋子說，她每天最典型的伙食，就是芭蕉、芭樂、蕃茄和生菜，母雞早上下的蛋，自製的豆腐、豆渣餅、泡菜與自己烤的麵包。「園子裡當季長什麼，就吃什麼。」她說。

儘管鍋子從小在天母長大，但直到一場劇變，才把她引回家。

原來她過去長時間移民加拿大，後來回臺與家人創業做嬰幼兒用品電子商務，儘管生意不錯，她卻總覺得這樣的生活少了點什麼。

幾年前，家人接連生病，自己也罹癌，鍋子才驚覺原本在都市習以為常的便利生活方式，好像有些不對。

當她開完刀在家休養，自己嘗試廚餘堆肥，發現堆肥完成後熟成的土，「真的很香。」這大自然的機制讓她深深的感動。

原本陷在資本主義邏輯當中的她，對很多事原本悲觀。「所有廣告行銷都在告訴我們：你擁有的不夠，有了小車還要有大車，有了房子還要有更大的房子。」她說，原本以為人生就是這樣，對一切都感到憤世嫉俗。

但從堆肥開始，她的想法慢慢改變。透過研究樸門設計，她重新思考人與自然的關係。

許多人所謂的「親近自然」，是在自然環境中蓋一座水泥建築。在樸門的觀點，這種做法是從人類自私自利和掠奪的角度出發，而沒有先觀察自然需要的是什麼，無以為繼。

鍋子解釋，樸門設計的原則是自給自足，有三大準則：照顧地球（earth care）、照顧人類（people care）、資源公平共享（fair share）。

為了照顧土壤和人體健康，野蔓園的菜園是以土壤和堆肥交錯堆疊，不用化學肥料，照顧土壤。

資源公平共享，體現「夠了就好」的哲學。鍋子強調，自給自足的前提，是人類每天消耗的資源，都該來自付出勞力得到的收穫，有做才有得。

如果自己的資源足夠了，多的應該分享給其他人，而非服從一般資本主義邏輯，不斷累積財富存在銀行裡，只是為了不斷膨脹的數字。自給自足的重點，是知道自己需要多少，而不是吃到飽、吃到撐，造成資源浪費。

他們的共享精神，鄰居也樂意參與。來自德國、定居臺北的德國志工爺爺 Holger 當天就上山來，到隔壁馬場要了幾袋馬糞，在自己的菜園裡施肥翻土。他的短褲不知道什麼時候被勾破了，就隨便拿起封箱膠帶補一補，不以為意。

不是無限奪取，而是夠了就好

野蔓園將理想推廣給大眾，已經十多年。二〇〇九年開始，他們在陽明山的水梯田種稻，不使用農藥、肥料，自己保留種籽、育苗。他們用最自然的方式耕作，不受制於種子商、肥料商，用古早的方式種稻。

二〇一二年，野蔓園「吃自己種的米，留一塊乾淨土」計畫，榮獲第四屆學學獎綠色公益行動組特別獎。如今，他們每年三月都會邀民眾上山插秧，期間由野蔓園志工幫忙照顧稻穀，收成後，民眾就可吃到自己親手參與種出來的米。

近幾年，鍋子觀察到越來越多人到野蔓園來，探索另一種生活方式。一年有十幾個志工，每週上山施肥、翻土，吃自己種的東西。

她說，前陣子就有一個三十多歲的生技業主管，他有了小孩後，開始注意到自己的生活方式，與自然離得有多遠。為了將來能打造自給自足的生活，他到野蔓園住了兩星期打工換宿，被蚊子咬得滿腿包也甘之如飴。

野蔓園最新的計畫，是打造共生農場，除了農活勞力，更要營造讓人放慢腳步的生活環境，例如較舒適的木屋、廁所，甚至瑜伽平臺，讓更多人花時間體驗樸門的永續生活方式。

從樸門角度，她又怎麼看新冠肺炎疫情？

「很多人說，人們應該減少接觸，把所有事情都用機器人和人工智慧來取代。」她認為這想法是本末倒置。

「的確問題出在人類身上，但我們應該要思考，人類對自然環境、對自己做了什麼，才造成今天的後果？」她反問。

冰封全球的疫情，是對人類的提醒。減少出門與消費，讓我們有機會思考：生活的必需品到底是什麼？也明白該是時候轉向更永續、簡單的生活方式。

每個人都還可以做得更多

三年前在臺中大里創辦家務室的賀丞右，跟樸門的原則也有異曲同工之妙。

「因為地球就是家，地球的事就是我們的家務事。」三十多歲的賀丞右，原本是工業設計師，工作的目標就是做出業主喜歡的設計，創造銷售業績。

有了小孩之後，他的想法開始轉變。

「我的工作無非是幫企業賣更多東西、賺更多錢，但能幫助人們獲得幸福嗎？能為下一代打造永續的生活環境嗎？」他不斷反問自己。「後來因為參與社運，他發現社會設計這個領域，社會上有越來越多人重視以永續的方式來改造社會。」

二〇一七年，他與夥伴在大里的工廠聚落，租下一棟廢棄印刷油墨工廠，打造成兩層樓的基地。一樓是賣雞蛋、油等日常用品的雜貨鋪，二樓是用餐區，只提供當季食材。

與其說這是一間店，賀丞右更希望這是一個生活的企畫。「我希望把推動友善環境極大化的想像，呈現在居民面前。」他說。

店裡賣的東西，都必須符合循環經濟理念，也就是可重複使用，例如品質好的抹布、衛生棉、玻璃瓶；或是木頭製成，可以生物分解，例如木頭刷具。他想讓居民看到：使用永續的產品，並不會比較貴，因為東西耐用，又少製造廢棄物，長期成本並不比拋棄式用品高。

最特別的是，食堂桌上沒有衛生紙，而是清洗後可重複使用的擦手巾和擦嘴巾。

「這幾年風向真的變了。」他說，五年前在 Instagram 貼文，全世界用 #zerowaste（零廢棄）標籤的貼文只有一千多則貼文，前幾天看已有五百萬則，可看出人心和行為已永遠改變了。

「莫因善小而不為，莫因惡小而為之。」這句話不只適用於道德層面，更可以用在愛護地球環境上。

「我們每個人都可以做得更多。」鍋子把這句話解釋為，對環境不利的惡，不論再小，都不該去做；換言之，對地球有益的事，不管再小，不要認為自己力量微弱，還是要做。

人如何對待環境，不論產生的是好或壞的影響，最終結果都會回到人類自身。

——本文載自天下 Web only，劉光瑩，二〇二〇。

偉瑩老師 劃重點

電影《猩球崛起》描述著主角猩猩凱撒，從一隻寵物猩猩轉變為高智商人猿的全過程，影片中某些追求功利的科學家，盲目的追求科技發展，妄圖成為造物主，以發展科技為藉口，打破生態平衡。這部科幻片呈現了現況，也在警告著未來。人類的智慧創造了科技的發展，時至今日，科技究竟帶來進步還是破壞，常常為人所議論。然而，你是否反思過：你是運用科技的人，還是被科技宰制的人呢？人文素養將是你面對變動的世界最重要的基石。

延伸思考 Q&A

Level 1

1. 由兩位澳洲生態實踐家所提出的「樸門」，是指依據什麼理念？又是什麼樣的生活方式？
2. 本文中所指的「夠了就好」，是什麼樣的生活方式？

Level 2

1. 本文所介紹的生活方式是否符合循環經濟的理念？為什麼？
2. 如果說這篇文章是人們對於資本主義下的反思，文章中提出了哪些反思？又對應了哪些行動？

Level 3

1. 面對便利與進步的生活，有人選擇的是充分享受進步帶來的成果，有人則選擇嚮往過去的人類生活，這兩種哲思拉扯從過去至今便一直存在著。有人則在兩者之間選擇折衷，認為過猶不及都不是好的決定。閱讀完本單元的文章後，你認為人類與環境應該是何種關係？人類又該以何種方式生活與發展？

企劃源起

成長與學習必備的元氣晨讀

文／親子天下執行長何琦瑜

源於日本的晨讀活動

一九八八年，大塚笑子是個日本普通高職的體育老師。在她擔任導師時，看到一群在學習中遇到挫折、失去學習動機的高職生，每天在學校散漫恍神、勉強度日，快畢業時，才發現自己沒有一技之長。出外求職填履歷表，「興趣」和「專長」欄只能一片空白。許多焦慮的高三畢業生回頭向老師求助，大塚笑子鼓勵他們，可以填寫「閱讀」和「運動」兩項興趣。因為有運動習慣的人，讓人覺得開朗、健康、有毅力；有閱讀習慣的人，就代表有終身學習的能力。

但學生們還是很困擾，因為他們根本沒有什麼值得記憶的美好閱讀經驗，深怕面試的老闆細問：那你喜歡讀什麼書啊？大塚老師於是決定，在高職班上推動晨讀。概念和做法都很簡單：每天早上十分鐘，持續一週不間斷，讓學生讀自己喜歡的書。一開始，為了吸引學生，她會找劇團朋友朗讀名家作品，每週一次介紹好的文學作家故事，引領學生逐漸進入閱讀的桃花源。

沒想到不間斷的晨讀發揮了神奇的效果：散漫喧鬧的學生安靜了下來，他們上課比以前更容易專心，考試的成績也大幅提升了。這樣的晨讀運動透過大塚老師的熱情，一傳十、十傳百，最後全日本有兩萬五千所學校全面推行。其後統計發現，日本中小學生平均閱讀的課外書本數逐年增加，各方一致歸功於大塚老師和「晨讀十分鐘」運動。

臺灣吹起晨讀風

二〇〇七年，《親子天下》出版了《晨讀10分鐘》一書，書中分享了韓國推動晨讀運動的高果效，以及七十八種晨讀推動策略。同一時間，天下雜誌國際閱讀論壇也邀請了大塚老師來臺灣演講、分享經驗，獲得極大的迴響。

受到晨讀運動感染的我，一廂情願的想到兒子的學校帶晨讀。選擇素材的過程中，卻發現適合十分鐘閱讀的文本並不好找。面對年紀越大的少年讀者，好文本的找尋越加困難。對於剛開始進入晨讀，沒有長篇閱讀習慣的學生，的確需要一些短篇的散文或故事，讓少年讀者每一天閱讀都有盡興的成就感。而且這些短篇文字絕不能像教科書般無聊，也不能總是停留在淺薄的報紙新聞，才能讓這些新手讀者像上癮般養成習慣。如果幸運的遇到熱愛閱讀的老師和家長，一些有足夠深度的文本還能引起師生、親子之間，餘韻猶存的討論。

我的晨讀媽媽計畫並沒有成功，但這樣的經驗激發出【晨讀10分鐘】系列的企畫。在當今升學壓力下，許多中學生每天早上到學校，迎接他的是考不完的測驗卷。我們希望用晨讀打破中學早晨窒悶的考試氛圍。每日定時定量的閱讀，不僅是要讓學習力加分，更重要的是讓心靈茁壯、成長。在學校，晨讀就像在吃「學習的早餐」，為一天的學習熱身醒腦；在家裡，不一定是早晨，任何時段，每天不間斷、固定的家庭閱讀時間，也會為全家累積生命中最豐美的回憶。

第一個專為晨讀活動設計的系列

帶著這樣的心願，二〇一〇年，我們開創了【晨讀10分鐘】系列，邀請知名的作家、選編人，為少年兒童讀者編選類型多元、有益有趣的好文章，陸續推出：知名文學作家張曼娟老師選編《成長故事集》、文學大師廖玉蕙老師所主編的《幽默故事集》和《親情故事集》、兒童文學作家王文華老師選編《人物故事集》、鑽研少年小說的張子樟教授選編《文學大師短篇作品選》、音樂才子方文山先生選編《愛·情故事集》、文學評論和政論家楊照先生選編《世紀之聲演講文集》、《天下雜誌》群總編集長殷允芃女士選編《放眼天下勵志文選》、自然觀察旅遊作家劉克襄先生選編《挑戰極限探險故事》、閱讀專家柯華葳教授選編的《論情說理說明文選》、詩人楊佳嫻與鯨向海選編的《青春無敵早點詩：中學生新詩選》、閱讀專家鄭圓鈴教授主編的《閱讀素養一本通》、臺灣最熱血的大學教授葉丙成選編的《我的成功，我決定》、品學堂創辦人黃國珍選編的《你的獨特，我看見》、關心運動與社會議題的獨立媒體人黃哲斌選編的《運動故事集》、國際 NGO 工作者暨知名暢銷作家褚士瑩選編的《世界和你想的不一樣》，以及臺灣最大的科學社群 PanSci 泛科學選編的《科學和你想的不一樣》，提供給中學生更豐富的閱讀素材。

因應素養導向的新課綱精神，同時也為了幫助青少年面對未來世界的挑戰，並培養解決各種問題的能力。為此，我們最新推出了《未來世界我改變》、《未來媒體我看見》二書，《未來世界我改變》的選編人藍偉瑩，是國內推動教師學習共同體的重要推手，她看見環境永續的重要性，帶領讀者思考全球永續發展議題；而《未來媒體我看見》再度邀請到曾榮獲「亞洲普立茲獎」的獨立媒體人黃哲斌，要帶領身處網路叢林的數位原生代，認識媒體識讀、解碼網路社群，培養數位公民素養力。

延續「素養」取向，這次我們仍與《閱讀理解》學習誌的編輯團隊合作，為兩本書量身設計《閱讀素養題本》，用意不在於測試孩子讀懂多少，而是要用系統化的方式，帶領孩子理解文本，並融合自身經驗深入探究，才能真正達到吸收內化的目的。

推動晨讀的願景

在日本掀起晨讀奇蹟的大塚老師，在臺灣演講時分享：「對我來說，不管學生在哪個人生階段……，我都希望他們可以透過閱讀，讓心靈得到成長，不管遇到什麼情況，都能勇往直前，這就是我的晨讀運動，我的最終理想。」

這也是【晨讀10分鐘】這個系列出版的最終心願。

共同面對未來的挑戰與改變

文／臺大教授．無界塾創辦人葉丙成

在大學教書已經超過二十年。這些年來，我看到許多年輕人對於我們社會的種種問題是關心的。在他們之中，有的人會願意採取行動來試著解決這些問題，這很可貴。但也有更多的人，是覺得自己怎麼可能有能力改變這個世界？然後對這問題重重的世界，充滿無力感。

從某個角度來說，年輕人會有這樣的無力感並不是沒有理由的。因為在接下來二十年，臺灣社會要面對的種種挑戰跟問題會越來越多，而且，挑戰一個比一個大。如何讓大家對於這些問題能有更全面性的了解？如何讓大家有信心，認為這些問題是我們可以一起來解決的？我認為這樣的意識，對我們社會的未來，是非常重要的。

對我們的下一代而言，尤其如此。因為只有當我們的下一代對於未來的問題有更清楚的認識，並且有解決這些問題的想法跟自信，我們的社會才會有希望。反之，若我們的下一代對於未來的問題不甚了解，對於未來只有滿滿的無力感，這樣的社會，是不可能有前途的。

這是為什麼，當我看完藍偉瑩老師所編著的《未來世界我改變》這本書，我的眼睛為之一亮。這是一本非常值得推薦的好書，光是從書名，就道盡其意旨：談未來、談世界，讓大家了解未來世界的問題與機會，更重要的是，讓大家有「我」能讓世界變得更好的信心！

在這本書裡，談到許多臺灣已經或是即將遇到的高齡化、城鄉差距、環境永續等重大議題。這些字眼雖然一天到晚出現在報章媒體上，但對許多大人或是中小學生而言：「啊，就只是字眼而已。」，其實很無感。

但透過這本書的選文，可以幫助我們深入了解這些議題的真實樣貌，以及對我們生活的影響。這些議題，不再只是媒體標題的字眼；而是許多活生生的案例、故事出現在我們眼前。看了以後，會讓大家開始對這些議題很有感！

而且更重要的是，這本書不是只談問題而已。如果談了一個又一個問題，卻都沒有解方，那豈不是讓人對這世界感到更加無力嗎？我喜歡這本書的地方，在於書中除了談這些議題的嚴重性外，更報導了臺灣許多人在解決高齡化、城鄉差距、環境永續這些議題的種種想法、點子，跟他們投入的心力。

透過這本書，我們看到了許多人努力改變這世界的故事：不管是用新經營模式照顧長者開咖啡店的教授與社工店長，或是返鄉投入社區營造帶動家鄉的原民子弟，或是達成二氧化碳零排放不可能任務的石化廠，這些故事都讓我們看到了「希望」的存在！讓我們覺得這世界是有機會變得更好的，這世界是有希望的！

臺灣的未來，有許多的問題跟挑戰，都需要我們跟下一代同舟一命，一起面對、一起努力解決。《未來世界我改變》這本書，推薦給您跟您的孩子（學生）。

看完後，讓我們一起挽起袖子、一起努力讓這世界變得更好！

為孩子培養改變未來的能力

文／品學堂創辦人・《閱讀理解》學習誌總編輯黃國珍

大多數人認識的藍偉瑩老師，是在教學工作坊中，帶領各級教師在貼滿便利貼的牆上，逐步梳理學校願景，描繪學生圖像或是建構課程地圖的形象。又或是在她的著作中，跟隨她對教育問題的觀察與思考，釐清當前教育困境與機會，從正在改變中的教育現場，重新相信我們的教育正在往更好的路上前進。特別讓我敬佩的是，她為了更深入且長遠帶領各地區的學校落實教育改革，所以毅然辭去體制內的教職，成立瑩光教育協會，在教育體制外整合各界資源，派任專業教師入校陪伴，讓偏遠地區的學校，有能力發展優質的教學，照顧好每個孩子。

聽到偉瑩老師在幾乎難以分身的行程中又完成一本書時，一方面佩服她對教育焚膏繼晷的付出，也特別期待想拜讀她的第三本書——《晨讀10分鐘：未來世界我改變》。

偉瑩老師前兩本書，第一本是為教師所寫。第二本書，是為所有關心教育的人所寫。這次第三本書，是為學生的閱讀與議題探究學習而寫，並且有一個關鍵特色與其他同類書籍不同。偉瑩老師在這本書中，以自己素養導向課程設計的思維，作為此書撰寫與編輯的脈絡。選擇符合聯合國永續發展目標（Sustainable Development Goals, SDGs），和一〇八課綱的八大領域課程所融入的十九項議題中「高齡社會」、「地方創生」與「循環經濟」三個未來永續發展的重要議題，編選合於議題，卻又反映不同面向的文本，提供給讀者在議題中多元探究的材料，進而培養立體化、脈絡化、系統化的閱讀與思維能力。例如在「高齡社會」的議題下，提出一個真實的情境：「當長壽成為日常」，藉由不同的文章，開展廣泛的閱讀，思考這情況後續會面對哪些問題？對社會結構帶來什麼改變？目前高齡者如何面對退休後的生活？其子女如何因應上有高堂，下有幼子的生活雙擔？社會工作者看見什麼問題？對於長照需求日益增加，現在的系統可以應付嗎？如何補強？這些問題若發生在偏鄉，又要如何解決？高齡者自身會願意被視為社會負擔嗎？是否已經有高齡者開始組織起來，自己成為解決問題的方案？他們做了什麼？……這樣開闊的閱讀與學習，脫離過往課本上單薄的基本知識記憶，而是接軌真實情境、真實生活、真實問題的探討，讓學習與生活建立同軌並進的具體實踐。

《晨讀10分鐘：未來世界我改變》這本書的內容，可以解讀為是一本有三個主題的課程設計。參加過偉瑩工作坊的老師，可以從書中看到偉瑩老師如何將教學目標，以閱讀材料的選擇，落實成為可以在教室中實現的課程。我自己在閱讀此書的過程中，感受到知識與體驗同在，問題與答案相生，深化與開展相應，學習與生活相連的細膩構思。即使單純將它當作是一本議題導向的專題報導，也是充滿探究與開拓新視野樂趣。另外值得一提，這書中沒有特別強調，但敏銳的讀者可以感受到，「問題意識」貫穿書中多數的文章。這是目前議題導向的閱讀與教學中學生與老師都要培養的態度，才能讓議題得以展開與深化。

未來世界是一團渾沌，卻又足以想像。但結果是必然的還是一切未定？是充滿良善與光明所構築的烏托邦，或是失去信仰與希望的反烏托邦？無論未來世界是什麼面貌，可以確定的是，未來的世界決定於我們現在所走的每一步。

我們常說：「孩子是未來的主人翁」，但我認為這句話不完全正確。因為，孩子是帶著我們給他的教育去創造未來。從這觀點來看，或許我們才是改變未來的主人翁。因此，想改變未來，就讓孩子閱讀偉瑩老師這本新書《未來世界我改變》。這本書讓閱讀成為一堂議題的探究實作課，讓改變未來的能力可以被擁有，讓孩子成為未來真正的主人翁。

推薦文

青少年改變未來世界的寶典

文／臺中市立惠文高中圖書館主任蔡淇華

在【晨讀10分鐘】系列書籍中，《未來世界我改變》的內容最「硬」，卻也是現在學生最需要、與大考素養題最相關的一本。

本書包括「高齡社會」、「地方創生」、與「循環經濟」等三部分。三大主題湊巧與近年國中會考作文題目「青銀共居」、「我想開一家ＸＸ的店」、與「我們這個世代」等試題完全契合。

然而，這幾年會考作文的成績呈現江河日下之勢，滿級分的比例從一〇五年度4972人（占比1.83%），一〇六年度2561人（占比1.05%），一直掉落到一〇八年度1304人（占比0.61%）、一〇九年度的1588人（占比

0.77%）。學生之所以無法寫好這些題目，最重要的原因是「缺乏背景知識」。

然而看完這本好書後，學生們會知道臺灣在二〇二六年，因為有百分之二十人口超過六十五歲，將邁入超高齡社會；會理解「社區營造」是「大家來花錢」，而「地方創生」是「大家來賺錢」；除此之外，學生更能認識「循環經濟」，知道那是解決全球暖化、以及讓臺灣在未來不致成為垃圾島的最佳解決方案。

這本書將「高齡社會」、「地方創生」、與「循環經濟」三個面向做量化、系統化、與本土化的整理，非常適合由老師引導全班閱讀。此外，因為有「閱讀理解」專家——「品學堂」團隊，負責設計素養題本，可以幫助學生統整重點。如果同學們願意花時間閱讀，對未來考試素養題的理解，幫助一定非常的大。

在聯合國永續發展目標（SDGs）成為顯學的年代，這樣一本可以從個人、地方、擴及產業發展，且具有宏觀視野的書本出版，不啻是師生之福。非常期待全國青少年閱讀之後，因為有了知識與素養，可以自信滿滿的說：

「未來世界，我來改變！」

晨讀10分鐘系列 041

晨讀10分鐘
未來世界我改變

選編人｜藍偉瑩
作　者｜林倖妃、徐重仁、蔡佩烜等
繪　者｜張庭瑀

責任編輯｜李幼婷
封面設計｜柏思羽
版型設計｜丘山
行銷企劃｜葉怡伶

天下雜誌群創辦人｜殷允芃
董事長兼執行長｜何琦瑜
媒體暨產品事業群
總經理｜游玉雪
副總經理｜林彥傑
總編輯｜林欣靜
行銷總監｜林育菁
副總監｜李幼婷
版權主任｜何晨瑋、黃微真

出版者｜親子天下股份有限公司
地址｜臺北市104建國北路一段96號4樓
電話｜（02）2509-2800 傳真｜（02）2509-2462
網址｜www.parenting.com.tw
讀者服務專線｜（02）2662-0332　週一～週五：09:00~17:30
讀者服務傳真｜（02）2662-6048　客服信箱｜parenting@cw.com.tw
法律顧問｜台英國際商務法律事務所．羅明通律師
製版印刷｜中原造像股份有限公司
總經銷｜大和圖書有限公司　電話：（02）8990-2588

出版日期｜2021年5月第一版第一次印行
　　　　　2024年8月第一版第六次印行
定　價｜320元
書　號｜BKKCI023P
I S B N｜978-626-305-002-0

訂購服務——
親子天下Shopping｜shopping.parenting.com.tw
海外・大量訂購｜parenting@cw.com.tw
書香花園｜臺北市建國北路二段6巷11號 電話（02）2506-1635
劃撥帳號｜50331356 親子天下股份有限公司

國家圖書館出版品預行編目(CIP)資料

晨讀10分鐘 ： 未來世界我改變 / 林倖妃，徐重仁，蔡佩烜等作 ; 藍偉瑩選編. -- 第一版. -- 臺北市 : 親子天下股份有限公司，2021.05
272面 ; 14.8×21公分. -- (晨讀10分鐘系列 ; 41)
ISBN 978-626-305-002-0(平裝)
1.永續發展 2.社會發展 3.經濟發展

541.43　　110006052

與 PISA 及國際閱讀素養接軌，
打造閱讀理解力，迎向 108 課綱核心素養

我們都在提問中思考，在答案裡學習

大海的另一端是什麼？星光距離我們多遠？為什麼月亮會有圓缺的變化？人類對這世界好奇所開展的探究與理解歷程，讓人類逐步認識自己生活的世界，同時也開展對自身的了解，並且成就人類的文明發展。

認識世界的過程是段漫長的歷史，人類對世界萬象的解釋，從充滿眾神間恩怨情仇的神話，發展到以神的話語為主，作為知識威權與生活教條的宗教年代，再到相信理性所建構的知識，能解決人類問題的啟蒙時代。這過程中的好奇或質疑，勇於求知的精神，將人類心靈從原始的狀態中逐步解放出來。

客觀來說，人類文明之所以能開展，其原因並非因為我們擁有答案。關鍵是找到答案背後，發現問題，解決問題的能力。因此，新課綱才將「發現問題、解決問題的終身學習者」作為具有素養的學生表現。

談到學習，我們在一般認知上看待「學習」，著眼於認識新事物，增加新知識。但是在越來越多真實的生活情境中發現，學習並不是純然了解未曾認知的新事物，更多是需要「更新自己以為知道的事」，這觀念在當前這時代更顯重要。但檢核自己的學習與認知是否正確或已有更新，最主要的方式還是透過評測作答的結果來判斷。也因此，

文／品學堂創辦人、《閱讀理解》學習誌總編輯　**黃國珍**

全球的教育興起了巨大變革，評測也從單純檢視學生是否記得老師講的內容，演變到鑑別學生是否具備能自主學習的能力與素養。即使面對沒看過的內容、老師沒有講解過的問題，學生依舊能透過正確的理解，使用知識與經驗，解決未曾面對過的問題。這是人類文明開展的原因，是面對未來應該要具備的能力。

根據 PISA（Programme for International Student Assessment）國際學生能力評量計畫中閱讀素養的指標，閱讀素養不再僅指學校所習得的語文能力。而是更進一步應用於個人在各類生活情境中，與人互動和參與社會，所建構出一種可增長知識、技能及策略的能力。換句話說，新課綱對閱讀能力的要求，從過去「單向」的閱讀理解：學生是否有能力進行流暢的閱讀，能否明白詞彙用法和進行書寫，近一步要求「全方位」的閱讀應用。除一般語文理解外，還需能夠反思閱讀內容、建構上層意義，並對閱讀內容或形式進行批判與省思。要符合國際如此高標準的閱讀要求，除了廣泛閱讀之外，更需要提供有效培養合於指標的思考與回答的練習，這也是親子天下《晨讀 10 分鐘》系列委請品學堂設計題本的目的。讓孩子在探究與思考的閱讀過程中，將未知轉為已知，讓問題擁有答案。期待這套書能陪伴您與孩子一起走向未來。

新獨立時代

問題一〔擷取訊息〕

(　　)根據本文，陳雅美認為在不久的將來，「好命」的定義為何？

❶ 年老時子女還能陪在身邊
❷ 年老時身體依舊保持健康
❸ 年老時能有退休金作為保障
❹ 年老時能依靠社會支援系統

問題二〔省思評鑑〕

(　　)根據本文，依據臺灣 2017 年後的社會發展，可能會產生什麼人口問題？（複選）

❶ 扶養比偏高，國家生產力者負擔很重
❷ 人口負成長，人民死亡率超過出生率
❸ 人口密度高，使資源短缺、住屋困難
❹ 性別比失衡，未來難以找到結婚對象

問題三〔統整解釋〕

(　　)黃春明之所以認為「如今老了，也面臨『獨立』的必要」，其考量的原因可用文中哪句話說明？

❶「臺灣到最近才開始覺察認知『老』這件事」
❷「我們現在都在月臺上坐著或走動，班車來了就上去」
❸「國內多數家有生病或失能的長輩，最終仍由家庭扛起責任」
❹「一個新的獨立時代已經來臨，不僅是身體、還有精神上的獨立」

問題四〔統整解釋〕

（　）文中提到政府官員及大多數國人對長照有所誤解，其根本原因為何？

❶ 公家機關在政策宣導上成效不彰
❷ 政府單位對長照定義有多重解讀
❸ 傳統華人文化傾向重視家庭功能
❹ 長照相關假資訊太多難判斷真偽

問題五〔統整解釋〕

（　）根據本文，作者認為社會對「老人照顧」應該做好哪些準備？（複選）

❶ 人民需要了解長照的用途及意義
❷ 小學應納入老年生活相關的課程
❸ 社區應該宣傳敦親睦鄰的重要性
❹ 政府要擁有完備的長期照顧資源
❺ 企業應提供壯年足夠的就業機會

現在不做長照，再晚就來不及了

問題一〔擷取訊息〕

根據本文，陳時中當部長的使命，是為了將哪兩個體系的系統整合好？

問題二〔統整解釋〕

（　）承上題，文中哪一句話可以體現陳時中抱持何種信念進行整合？

❶ 我從年輕時，就想做點什麼
❷ 強調病人的「照顧」為一體
❸ 一月讓改變看得到，年中要能用得到
❹ 好學生管得多，不在教室的學生反倒管不著

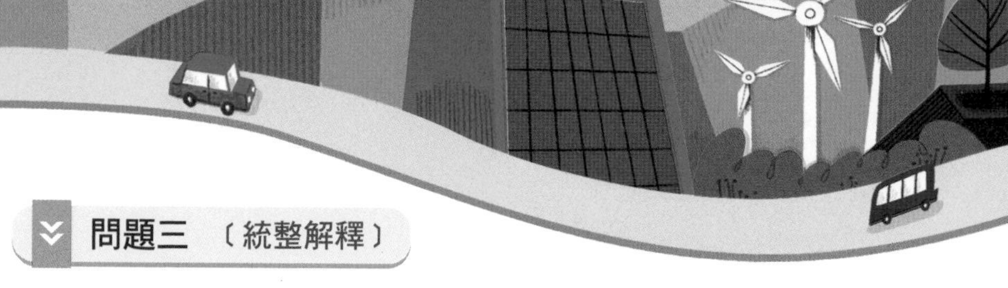

問題三 〔統整解釋〕

(　　) 根據本文，自 2018 年起臺灣的長照政策 2.0 相較於以往，更強調什麼概念？

❶ 增加長照布點使民眾可以就地老化
❷ 長照機構的設立規範需要因地制宜
❸ 醫學中心優先照護中重度失能病患
❹ 長照政策的推動應由中央轉至地方

問題四 〔統整解釋〕

(　　) 根據本文，陳時中如何解釋民眾對長照 2.0 沒有照顧到重症病人和機構的疑慮？

❶ 政府對長照政策宣傳不彰才造成民眾誤解
❷ 長照資源分配有優先順序和制度上的考量
❸ 中央需編列更多預算才能更全面實施政策
❹ 長照機構負責人的企業管理思維有待商榷

問題五 〔統整解釋〕

(　　) 陳時中針對長照人力的缺口問題，認為應朝什麼目標前進，才能解決問題？

❶ 幫助大眾了解照服員的辛苦與困難
❷ 建立照服員與被照顧者的互助互信
❸ 將照顧服務視為可穩定發展的產業
❹ 讓長照的照護工作回到家庭來處理

城市與偏鄉的老後 讓長者重拾自立能力、不寂寞

問題一〔統整解釋〕

（　）根據本文，為什麼政府希望能將長照系統「在地化」？

❶ 促使地方政府擴增機構改善長照稀缺問題
❷ 解決照顧模式過去不貼近長輩生活的問題
❸ 臺灣缺乏大型統一化管理的老人日照中心
❹ 無能力組織專業團隊，僅能依靠民間團體

問題二〔擷取訊息〕

（　）根據文中資訊，石頭湯社區整合照顧服務中心希望透過「共餐」達到什麼目的？（複選）

❶ 確保長者能夠攝取足夠營養
❷ 以團膳的方式降低伙食費用
❸ 讓長者參與社會以延緩失能
❹ 讓家屬能陪伴長者一同進食

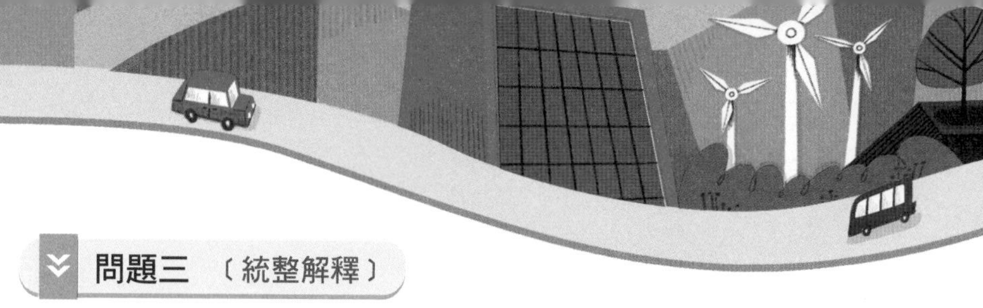

問題三〔統整解釋〕

（　　）根據本文，長照 2.0 目前遇到了哪些困難？

❶ 配套措施尚未完善、人力資源不足
❷ 規畫不符長者需求、欠缺長遠規畫
❸ 地方政府無意配合、缺乏醫療資源
❹ 長照服務乏人問津、民眾無意參與

問題四〔統整解釋〕

（　　）根據本文，下列何者是「自立支援」照顧技術的概念？

❶ 中央政府不給予地方補助，使長照資源落實在地化
❷ 城市與鄉村的長照資源必須各自獨立後再互相支援
❸ 不過度照顧長者，而是從旁協助長者自理生活瑣事
❹ 不過度支援家屬，使家屬能夠獨自照顧家中的長者

問題五〔統整解釋〕

（　　）請根據文中資訊推論，為什麼長照 2.0 要以 A、B、C 來區分各個單位？

❶ 透過服務的整合、分工，使長照資源能被更完善的利用
❷ 三個代號分別對應臺灣北、中、南三區，方便家屬分辨
❸ 為了依照長者病情的嚴重程度，安排其使用長照的次序
❹ 提供一條龍服務，讓長者能體驗到所有單位提供的照護

誰說年輕人不做長照？

問題一〔統整解釋〕

(　　) 根據本文，「有本生活坊」的營運模式較接近下列何者？

❶ 專門提供長者照護的社會福利機構
❷ 希望能夠解決社會問題的社會企業
❸ 仰賴地方政府經費補助的非營利組織
❹ 企業為負起社會責任所成立的基金會

問題二〔統整解釋〕

(　　) 承上題，創辦人紀金山於文中所指的「自己『呼吸』」為何？

❶ 組織能與政府定期合作，確保計畫進度
❷ 組織以募款的方式，號召全民參與關注
❸ 企業能透過販售商品、服務來獲利維持營運
❹ 企業將部分營收回饋社會，試圖發揮影響力

問題三〔擷取訊息〕

(　　) 根據本文，下列何者是「有本生活坊」試圖解決的問題？

❶ 家屬申請長照資源的漫長時間及瑣碎程序
❷ 年長者因為行動不便難以找到工作的困境

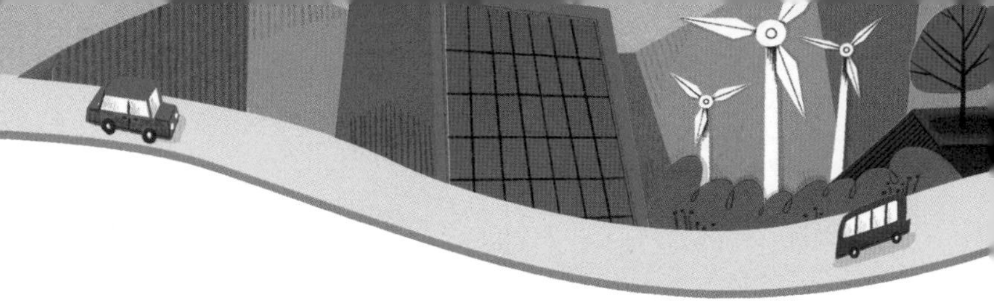

❸ 年輕人無法與年長者順暢溝通的世代隔閡

❹ 無人申請長照導致目前仍有長照資源閒置

問題四 〔擷取訊息〕

「有本生活坊」如何讓社區居民對其從排斥到接受？

問題五 〔擷取訊息〕

（　）「微居服」這項服務的出現，是為了達到什麼目的？

❶ 取代政府目前提供的居家照護

❷ 吸引年輕人加入照服員的行列

❸ 推廣照顧咖啡館中販賣的商品

❹ 補足現有長照服務的不足之處

問題六 〔統整解釋〕

（　）根據本文，「有本生活坊」與「年輕人」專門負責什麼任務，以形成互利關係？

❶ 有本生活坊填補政策漏洞，年輕人協助宣揚理念

❷ 有本生活坊支應成本開銷，年輕人接洽社福機構

❸ 有本生活坊蒐集長者意見，年輕人回報政府單位

❹ 有本生活坊提供就業機會，年輕人提供照護服務

入住率第一的高齡住宅！老了、失智也能冒險如「初戀」

問題一〔擷取訊息〕

根據本文，日本銀木犀肩負哪些功能？請至少寫出三項。

問題二〔統整解釋〕

（　）下河原在銀木犀設計多重空間的目的為何？

❶ 減少大量的建築成本

❷ 賺取高額的場地費用

❸ 製造人際交流的機會

❹ 提供自由後更易管理

問題三 〔擷取訊息〕

根據文中描述，下河原認為失智症惡化的原因可能為何？

問題四 〔統整解釋〕

（　　）日本銀木犀的宗旨有助於達成下列什麼目標？

❶ 讓老人維持基本生活自理
❷ 讓老人可以減少租賃費用
❸ 讓老人學習分擔營運風險
❹ 讓老人常與親友見面交流

問題五 〔統整解釋〕

（　　）請問下河原舉辦 VR 體驗的用意為何？

❶ 希望提升老人在日本的社會地位
❷ 希望讓民眾因理解而接納失智症
❸ 希望透過新的科技來防範失智症
❹ 希望將現有成果盡力推廣至海外

第三人生再度燦爛

問題一 〔擷取訊息〕

(　　) 根據文章，愛爾蘭成人教育學家凱利將「第三人生」以「Act」表示有何意義？(複選)

❶ 愛　❷ 幕
❸ 退休　❹ 年紀
❺ 行動　❻ 智慧

問題二 〔擷取訊息〕

(　　) 下列何者符合文中所謂「第三人生」的精神？

❶ 只要活得夠久的人，都可以展開第三人生
❷ 必須意識到科技已改變了我們的生活視野
❸ 透過實踐保持學習、發揮所學、為所愛貢獻
❹ 減少關照我們內心深處身而為人應有的模樣

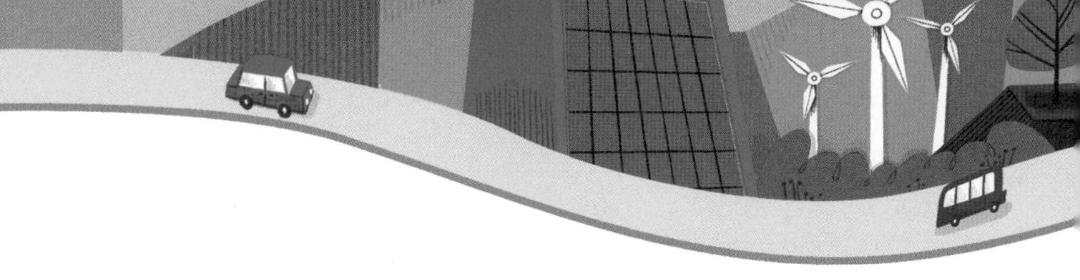

問題三 〔統整解釋〕

(　　) 根據本文，下圖中哪一區塊較符合文中預期的「第三人生的身心狀態」？

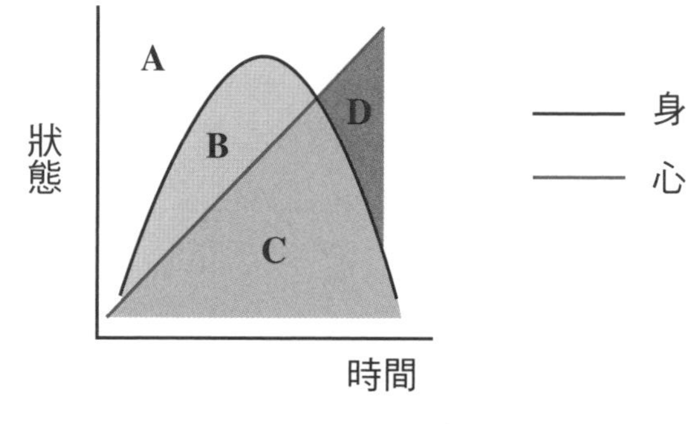

❶ A　❷ B　❸ C　❹ D

問題四 〔省思評鑑〕

(　　) 本文作者透過下列何種寫作手法來表述自己的想法？

❶ 以小標題作為切換敘述角度的分野

❷ 提及多本專書供讀者進行多方辯證

❸ 提供圖片方便讀者分析重要的趨勢

❹ 羅列多位名人言論為本文論點背書

罹癌後的人生

問題一 〔擷取訊息〕

(　　) 請問公衛工作對葉金川造成什麼影響？

❶ 工作繁忙，沒有時間運動
❷ 政治鬥爭，負面新聞纏身
❸ 踏入疫區，耽誤癌症治療
❹ 遭受挫折，萌生悲觀心態

問題二 〔統整解釋〕

(　　) 根據本文，下列何者為攀登百岳對於葉金川的主要意義？

❶ 學生時代延續的興趣
❷ 罹患癌症促成的發想
❸ 實現不衰不老的方法
❹ 維持家庭和諧的關鍵

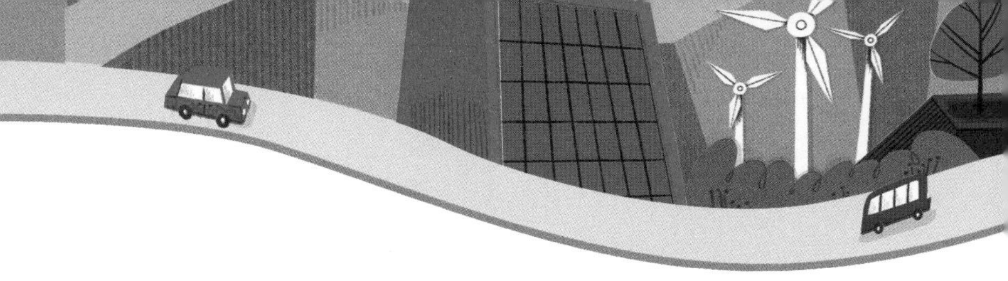

問題三 〔擷取訊息〕

(　　)根據本文，葉金川是因為哪一件事情而寫下「給兒子們的一封信」，交代「身後事」？

❶ 完成全民健保開辦宣導　❷ 發現罹患淋巴癌第二期
❸ 摔車導致肩胛骨關節脫臼　❹ 小兒子長大驚覺體力退化

問題四 〔統整解釋〕

(　　)根據本文，葉金川為何形容花蓮是「天堂」？

❶ 適合安靜養病　❷ 偏僻遠離塵囂
❸ 山友車友眾多　❹ 地形豐富多變

問題五 〔擷取訊息〕

(　　)請問葉金川積極從事運動的目的為何？

❶ 避免自己各項身體機能退化
❷ 遵從醫囑表示對專業的尊重
❸ 為成長中的兒子們樹立榜樣
❹ 抒發公衛工作所帶來的壓力

白髮穿搭迷倒全球八十萬粉絲 六十歲網紅夫妻 bon、pon 做了什麼

問題一〔擷取訊息〕

（　）請問 bon、pon 夫妻剛開始使用 Instagram 的目的是什麼？

❶ 記錄夫妻生活
❷ 宣傳設計作品
❸ 接洽廣告工作
❹ 尋找穿搭靈感

問題二〔統整解釋〕

（　）根據本文， bon、pon 夫妻改變穿搭的原因是什麼？

❶ 受到西方時尚文化影響
❷ 對於「變老」有所抗拒
❸ 無法負擔日常生活開銷
❹ 搬家捨棄大量的舊衣物

問題三 〔統整解釋〕

(　　) 為何 bon、pon 夫妻身為日本最紅的銀髮網紅，仍面臨預算有限的問題？

❶ 兩人婉拒大部分的合作邀約
❷ 兩人成名後養成揮霍的習慣
❸ 兩人花費大量存款出版書籍
❹ 兩人的女兒還沒有經濟獨立

問題四 〔統整解釋〕

(　　) 請問下列何者最為貼近本文對於 bon、pon 夫妻的描寫？

❶ 老當益壯
❷ 老無所依
❸ 爭名逐利
❹ 退而不休

靠老屋、舊街、小農三寶，地方創生讓鄉鎮回春

問題一〔擷取訊息〕

地方創生的理念，主要是為了解決什麼樣的區域人口問題？

問題二〔統整解釋〕

（　）根據文中描述，臺南後壁合作社的模式打破了什麼舊觀念？

❶ 仍需要政府補助的依賴心態

❷ 不歡迎外地居民的排外意識

❸ 難以接受新科技的僵化思想

❹ 不考慮商業盈利的社造思維

問題三 〔統整解釋〕

(　　)根據文中在地工作者的想法，政府應扮演何種角色，才能協助地方創生？

❶ 仲介　　❷ 保母
❸ 助理　　❹ 老師

問題四 〔擷取訊息〕

請問日本政府設立「故鄉稅」的目的為何？

問題五 〔統整解釋〕

(　　)根據南投竹山、臺南後壁、臺中中區這三個案例，除了不依賴補助的經營之道，成功的地方創生還應注意什麼？

❶ 尋找區域特色　　❷ 引入數位科技
❸ 跨地區的串聯　　❹ 成立協會組織

不會說族語的賽德克青年，如何把家鄉變成蝴蝶天堂？

問題一（擷取訊息）

王嘉勳認為成熟的社區應具備什麼條件？

問題二（統整解釋）

(　　) 為什麼部落耆老認為地方創生不需模仿日本，而是「恢復部落精神」？

❶ 賽德克族互相照顧、讓每個人適得其所的精神與地方創生的理念相似

❷ 賽德克族的祖訓規範中，已明確指出地方創生的策略供後人參考使用

❸ 地方創生的精神強調與原鄉的特色連結，恢復部落精神才是真正的創生

❹ 地方創生的實踐過程，必須使用賽德克族共識決，來討論部落整體發展

問題三 〔擷取訊息〕

(　　) 王嘉勳與部落討論出的部落定位包含哪些？（複選）

❶ 生態部落　　❹ 傳統節慶
❷ 食農教育　　❺ 財產共有
❸ 多元生態　　❻ 國際交流

問題四 〔統整解釋〕

(　　) 請問王嘉勳採用什麼策略發展部落企業？

❶ 利用原住民身分爭取政府補助
❷ 善用現地資源，活化在地特色
❸ 吸引企業投資，擴大盈利增長
❹ 推動政府機關進行跨部會整合

問題五 〔統整解釋〕

(　　) 作者為何在段落標題使用「鮭魚」這個詞？

❶ 利用鮭魚作為在地特色，指出產學合作的重要
❷ 利用鮭魚作為口號，鼓勵原住民青年返鄉服務
❸ 以鮭魚洄游的習性比喻部落青年返鄉工作的現象
❹ 以鮭魚形象來強調部落對於「自然保育」的理念

一份留給中興新村的美好

問題一〔擷取訊息〕

（　）伍言中認為，開店對於他而言有什麼意義？

❶ 終於在臺灣經濟自主
❷ 讓自己走進社區的途徑
❸ 實現了兒時以來的夢想
❹ 可以發揮專長貢獻社會

問題二〔統整解釋〕

（　）雖然過程中困難重重，但伍言中相信地方創生的起心動念不會消失，他這麼判斷的前提是什麼？

❶ 地方創生已經受到學術界與政府的重視
❷ 在地居民對於自己的社區通常有認同感
❸ 經濟上的獲利對於在地居民是一大誘因
❹ 世界其他地方也有地方創生的成功案例

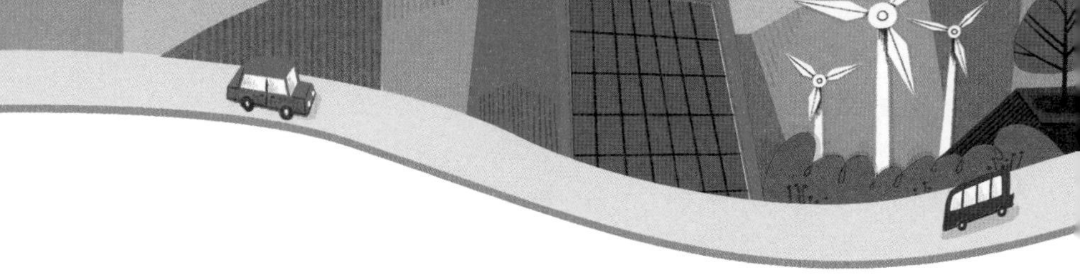

問題三 〔擷取訊息〕

幼兒園的教職工作與伍言中的價值觀有什麼落差，致使他最後選擇自行創業？

問題四 〔統整解釋〕

（　）伍言中從自己對燒香文化態度的轉變中得到什麼啟示？

❶ 理想落實到生活中往往會走調變質
❷ 即使不喜歡也要尊重在地傳統文化
❸ 功利主義才是符合人性本質的觀念
❹ 放下偏見才能發現事物真正的價值

問題五 〔統整解釋〕

（　）哪一種活動或產品比較適合放在衛蕾原味攻坊中宣傳或販售，以突顯地方創生的概念？

❶ 八三夭的小巨蛋演唱會
❷ 花蓮的麻糬與剝皮辣椒
❸ 臺灣省政府導覽志工培訓
❹ 卡通聯名品牌巧克力禮盒

政府、市場、服務「三不靈」！

問題一 〔擷取訊息〕

（　）為什麼偏鄉的人口會逐漸外流？

❶ 本地工作壓力較大 ❷ 本地缺乏就業機會
❸ 本地的生育率較低 ❹ 本地老幼人口偏多

問題二 〔擷取訊息〕

（　）作者認為，偏鄉交通難以自然形成有效市場機制的原因是什麼？

❶ 偏鄉居民對公共交通的需求不高
❷ 缺乏有能力、效率高的交通業者
❸ 交通是公共財，具有高度外部性
❹ 陷入環境保護與居民利益的衝突

問題三 〔擷取訊息〕

（　）根據文本，「服務失靈」的內涵包含下列何者？

❶ 司機來源複雜，易有安全疑慮
❷ 服務範圍太廣，難以兼顧品質
❸ 待遇入不敷出，人力供應短缺
❹ 缺乏法律規範，乘客缺乏保障

問題四 〔統整解釋〕

(　　)下列哪一項措施符合作者在本文中提出的觀點？

❶ 保障本地人在該城鎮能優先提供交通服務、獲得補助
❷ 積極透過問卷、公聽會等方式理解偏鄉真實交通需求
❸ 開放交通建設民營化，並保障企業運營與獲利的權利
❹ 重點發展，建構機能方便的城鎮中心以促進商業發展

問題五 〔省思評鑑〕

(　　)在進行問題研究時，我們常會採用下表的 A → B → C → D 等步驟。請問本文作者運用到了其中的哪些？（複選）

A	B	C	D
定義問題 對問題的內涵以及可能涉及的概念與名詞加以界定，作為探究的基礎	描述現況 蒐集並整理資料，對問題所包含的現況、案例或數據進行描述	分析問題 分析蒐集到的資料，透過比較、推論等方法釐清影響問題的深層因素	提出建議 根據分析的結果，結合理論與現有資源，提出解決問題的方案

老街上大家賣的都一樣、文創特區零零落落 地方創生兩個須知

問題一〔擷取訊息〕

(　　) 作者認為臺灣多數老街雖然有很豐富的文化與歷史，但卻「沒有好好經營」，其主要癥結是什麼？

❶ 在地的資源沒有妥善的整合
❷ 缺少政府經費的和專業支持
❸ 在地居民反對將文化商業化
❹ 臺灣的文化消費市場未成形

問題二〔統整解釋〕

(　　) 作者認為日本的小人國因為有什麼特色，可以作為本文論述的舉例？

❶ 小人國裡面的商家是在地互相拉抬的典範
❷ 小人國的陳設符合了國際互相拉抬的概念
❸ 小人國利用互相拉抬吸引了許多國外旅客
❹ 小人國啟發了作者對地方創生的重要觀念

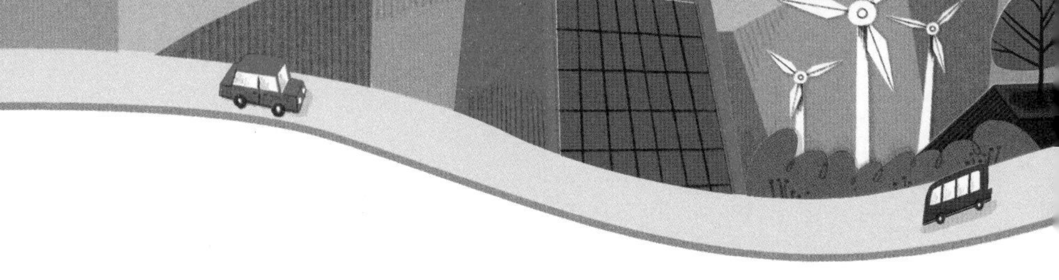

問題三 〔擷取訊息〕

（　）根據作者的觀點，「道之驛」的設立有什麼效益？

❶ 減少貨品的損壞，增加營業的利潤
❷ 確保生產品質，保留農產品的原味
❸ 抒解旅客在車程中補給不足的問題
❹ 讓地產能夠地銷，改善農民的生活

問題四 〔統整解釋〕

（　）下列哪些是作者在文中提及並澄清的「地方創生迷思」？（複選）

❶ 成員的迷思：大部分地方創生都是在地居民發起的
❷ 範疇的迷思：非都市的偏鄉地區才需要做地方創生
❸ 做法的迷思：地方創生需要仰賴政府相關單位主導
❹ 內涵的迷思：地方創生一定要結合地方與國際視野

問題五 〔省思評鑑〕

（　）根據本文的內容與敘述口吻，本文主要的閱讀對象應設定為下列何者？

❶ 地方業者　❷ 政府單位
❸ 學術機構　❹ 跨國企業

爆紅式打卡熱點算地方創生嗎？

問題一〔統整解釋〕

（　）根據本文，佳佳西市場旅店在正興街所面臨的困難是什麼？

❶ 旅店在國內沒有什麼知名度
❷ 缺乏店家特色和國際識別度
❸ 未能夠妥善與地方協調共生
❹ 區域中有定位相同的競爭者

問題二〔統整解釋〕

（　）作者認為，正興街地方創生如今不能永續發展的原因為何？

❶ 這些店家缺少深厚的文化涵養
❷ 這些店家得不到地方聚落支持
❸ 做法無法累積正確的消費客群
❹ 地方創生還無法吸引人潮進入

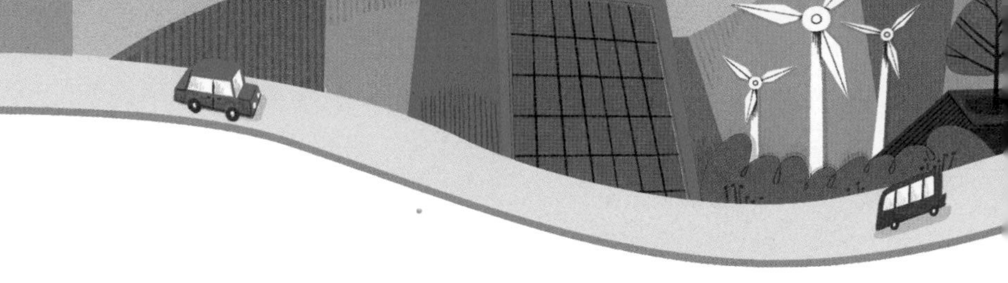

問題三 〔統整解釋〕

(　　) 下列哪一種客群的分類符合本文對臺南正興街商圈的觀察？

❶ A 類：正興咖啡、蜷尾家冰淇淋；B 類：佳佳西市場旅店
❷ A 類：正興咖啡；B 類：蜷尾家冰淇淋、佳佳西市場旅店
❸ A 類：蜷尾家冰淇淋；B 類：正興咖啡、佳佳西市場旅店
❹ A 類：正興咖啡、蜷尾家冰淇淋、佳佳西市場旅店

問題四 〔統整解釋〕

(　　) 作者舉珮柏佳佳的例子主要在說明什麼？

❶ 地方創生所需要的文化內涵　❷ 爆紅式打卡熱點帶來的壞處
❸ 地方創生過程中的重要工作　❹ 可如何再興在地產業的方法

問題五 〔統整解釋〕

(　　) 根據作者的論點，哪一種理念適合放在地方創生的產業經營上執行？

❶ 市場優先，以滿足消費者需求為核心
❷ 倡導價值，教育顧客以創造共榮模式
❸ 推陳出新，不斷創新以刺激市場消費
❹ 管制市場，以法規保護地方創生成果

循環經濟模式崛起 廢棄物華麗變身

問題一〔擷取訊息〕

（　）根據本文，請問循環經濟的新趨勢為何？

❶ 減少能源的使用
❷ 提高能源使用率
❸ 回收物品重複使用
❹ 將廢棄物轉成能源

問題二〔擷取訊息〕

電動車要成為潔淨交通工具的前提為何？

問題三 〔統整解釋〕

(　　)相較於其他的再生能源，生質物能源具有哪些優勢？

A 能達到零碳排　C 獲得政府補助
B 技術要求較低　D 生質物範圍廣、儲存量大

❶ A、D
❷ B、C
❸ A、B、C
❹ B、C、D

問題四 〔省思評鑑〕

(　　)作者運用什麼手法說明本文主旨？

❶ 引用學者說法
❷ 舉出事例說明
❸ 提供正反觀點
❹ 列出年分解析

汙染城變生態城
北九州輸出綠色成長模式

問題一 〔擷取訊息〕

對北九州的市民來說，七彩煙霧最初象徵了什麼？

問題二 〔擷取訊息〕

（　　）北九州開始重視汙染問題的契機為何？

❶ 日本簽署巴黎協議宣示減碳
❷ 重金屬汙染海水使漁獲減少
❸ 民眾主動向政府和工廠反映
❹ 大學教授到北九州巡迴演講

問題三 〔擷取訊息〕

請問北九州市能成功轉型為「綠色成長典範城市」的原因為何？

問題四 〔統整解釋〕

（　　）請問文中所謂「北九州模式」指的是什麼？

❶ 兼顧獲利與環境治理

❷ 工業城轉型為觀光城

❸ 由下而上的改革模式

❹ 跨國的生態技術合作

問題五 〔統整解釋〕

（　　）作者為什麼要於文中提到北九州機場？

❶ 顯示廠商不願意離開北九州

❷ 作為汙染物成為資源的案例

❸ 為潔淨顧問服務的成功首例

❹ 政府對企業提出的誘因之一

循環經濟變魔術，工廠排碳竟能做乾冰、可樂？

問題一〔擷取訊息〕

根據本文，請問雲林麥寮六輕的南亞 2EH 工廠達成了什麼創舉？

請作答

問題二〔統整解釋〕

（　）台塑集團在落實循環經濟之前，做了哪些事？（複選）

❶ 確保產品品質與安全無虞
❷ 與其他公司簽署合作契約
❸ 參加聯合國氣候變遷綱要公約大會
❹ 整合六輕工廠資訊流、物質流、能量流平臺

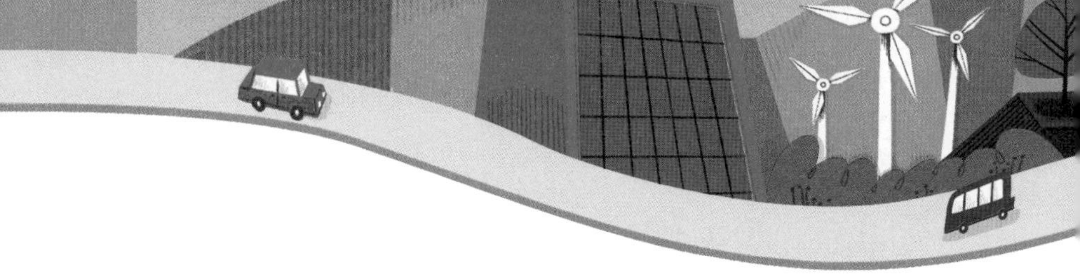

問題三 〔統整解釋〕

(　　) 循環經濟為雲林麥寮六輕的企業帶來什麼好處？

❶ 獲得消費者與當地居民的支持

❷ 將相關技術移轉，創造新產業

❸ 持續協助六輕的企業轉型發展

❹ 減少生產成本及增加實質收入

問題四 〔統整解釋〕

(　　) 下列哪一句話最能說明循環經濟的原則？

❶ 別懷疑，全球致力於減碳

❷ 資源使用最大化、廢棄最小化

❸ 生活與石化工業產生微妙的關係

❹ 雙方的權利義務利益必須談清楚

荷蘭打造循環經濟新矽谷

問題一 〔統整解釋〕

（　）荷蘭推行循環經濟的主要目的是什麼？

❶ 減少資源耗損，降低外國對荷蘭經濟的影響
❷ 減少企業對政府的依賴，推動荷蘭經濟轉型
❸ 發展新的消費模式，使所有消費具正面影響
❹ 使荷蘭各社區產生合作關係，增加經濟收益

問題二 〔擷取訊息〕

根據本文，荷蘭為什麼決定以「史基浦機場」、「阿姆斯特丹港」、「鬱金香拍賣市場」、「網路交換中心」作為實驗場？

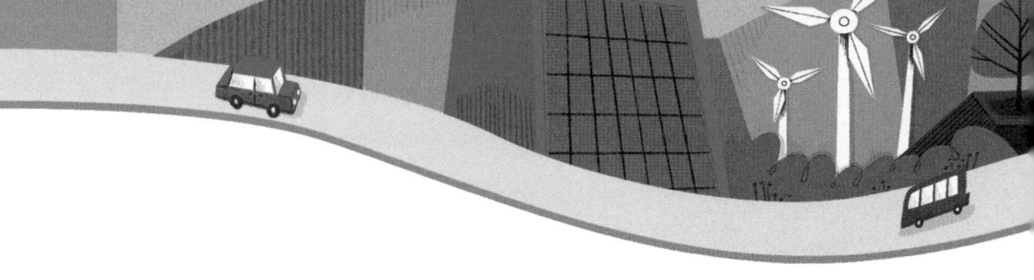

問題三 〔統整解釋〕

(　) 根據本文，循環經濟模式的成功建立在「系統性改變」。為了達到系統性改變，哪一行為至關重要？

❶ 政府由上而下大力推動　　❷ 政府與企業的共同合作
❸ 開發可循環使用的能源　　❹ 改變人民與企業的關係

問題四 〔統整解釋〕

(　) 根據本文，下列哪一新聞能用來說服企業使用循環經濟模式？

❶ 排放廢料入河，連帶汙染土地，使企業無法再利用土地
❷ 僱用大量童工被媒體揭穿，血汗工廠之名損害企業形象
❸ 加入多國組成的經貿組織，反使企業裁撤較貴的本國員工
❹ 教授投書：傳統產業不創造附加品牌價值，難以留住人才

問題五 〔省思評鑑〕

(　) 哪一國家面臨與荷蘭有相似的困境，亦適合推行循環經濟？

❶ 美國　　❷ 中國
❸ 紐西蘭　　❹ 新加坡

甘蔗渣吸管很環保？救海龜前，恐先變循環經濟災難

問題一 〔擷取訊息〕

根據本文，甘蔗渣吸管的成分是什麼？

請作答

問題二 〔統整解釋〕

（　　）本文介紹了關於 PLA 的哪些事情？（複選）

❶ 原料
❷ 價格
❸ 製造方式
❹ 分解條件
❺ 回收後再利用的程序
❻ 分解後對環境的影響

問題三 〔統整解釋〕

(　　) 作者為什麼會說甘蔗渣吸管不環保？（複選）

❶ 臺灣現有政策規定甘蔗渣吸管不可回收
❷ 臺灣現階段不具備完善處理 PLA 的能力
❸ 甘蔗渣吸管不全然是天然原料所製成
❹ 甘蔗渣吸管的材質很耐熱，不易焚燒
❺ 甘蔗渣吸管仍可能使海龜、海鳥受傷

問題四 〔統整解釋〕

(　　) 作者對於「可分解材質」抱持什麼觀點？

❶ 可分解材質對生態造成浩劫，應停用
❷ 儘快以此全面取代塑膠減緩環境汙染
❸ 成分具毒性，恐對人體健康造成危害
❹ 可持續發展，期待未來做更好的利用

問題五 〔省思評鑑〕

(　　) 下列哪一舉動最能達到作者所指的「支持真正的環保」？

❶ 臺北市推行專用垃圾袋制度
❷ 臺灣推動增加風力發電比例
❸ 臺灣通過「以核養綠」公投
❹ 臺灣擬加蓋寶山第三座水庫

後疫情時代新哲學：夠了就好

問題一〔統整解釋〕

(　　) 根據本文，2020 年爆發新冠肺炎對世界造成的改變，具有何種意義？

❶ 人工智慧開始取代人類工作
❷ 改變了人類原有的社交模式
❸ 使人們反思現有的生活方式
❹ 提醒人們把握過去生活方式

問題二〔統整解釋〕

(　　) 根據本文，社會追求「資本主義邏輯」有什麼缺點？

❶ 權力集中於中產階級及上層階級
❷ 人們為獲得充分食物而頻發戰爭
❸ 造成貧窮問題，弱勢族群無法翻身
❹ 使人欲望膨脹，造成地球資源耗損

問題三〔省思評鑑〕

(　　) 下列何者符合樸門的理念？

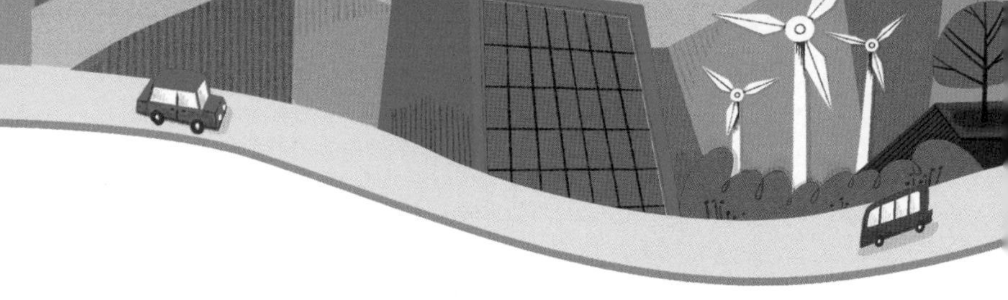

❶ 孔子：「子不語怪力亂神。」

❷ 孟子：「民為貴，社稷次之，君為輕。」

❸ 墨子：「若使天下兼相愛，國與國不相攻，家與家不相亂……若此則天下治。」

❹ 老子：「小國寡民，使有什伯人之器而不用……甘其食，美其服，安其居，樂其俗。」

問題四〔統整解釋〕

（　）哪一故事摘述適合放入本文作為舉例？

❶《佐賀的超級阿嬤》：「外婆常從河流攔截食物來吃，長得醜的蘿蔔、畸形的小黃瓜都被外婆撿起來精心做成主角家的餐食。」

❷〈月光餅〉：「主角家每到中秋節，都會親手製作夾著一層紅糖的月光餅。主角每每珍惜的捧在手中吃完。」

❸《田園之秋》：「主角一日農作遇到大雷雨，他觀察天暗、雷雨到天晴的過程，並感嘆於大自然的力量。」

❹〈論吃飯〉：「作者大力稱讚米飯的美味，並仔細說明米飯應該怎麼煮才好吃。」

問題五〔擷取訊息〕

（　）根據本文，「社會設計」的理念是什麼？

❶ 永續發展　❷ 機會平等　❸ 創造獲利　❹ 反對貿易

新獨立時代

問題一　解答 ❹

在文章前半段中，陳雅美提到：「但在不久的將來，『好命』的定義勢必會隨著時代改變，不是依賴家人，而是依靠社會支援系統」，故答案選（4）。

問題二　解答 ❶❷

在「老後好不好命，關鍵在自己」第七段提到：「2017 年時，臺灣已成為老年人超越小孩的社會」，同時面臨少子化和高齡化的雙面夾擊。而這樣的人口現象，將導致社會的扶養比偏高及人口負成長等問題。

問題三　解答 ❸

在「老後好不好命，關鍵在自己」的第一段，黃春明提到現在應該要提早規劃老年生活，且其規畫需具有「先決條件都是要身體健康，不要成為家庭的包袱」的想法。選項（3）體現了目前國內大部分家庭對老年人的照顧情況，突顯出家庭負擔偏重的問題。

問題四　解答 ❸

作者在文中分別引用陳雅美及前政府官員的話，來表達他認為無論是官員還是國人都「不知如何用長照補個人及家庭的不足」，其原因皆深受華人傳統文化中孝順及家庭觀念的影響，認為子女應該照顧年邁的父母。故選（3）。

問題五　解答 ❶❹

在「晚婚、晚生，又有一雙老父母」的第五段中，作者認為「老人照顧已經是人人的必修課題……但多數人仍不了解或誤解長照的用途，甚至是不知道。」因此，人民是否了解長照的用途及意義，為社會需做的準備之一。
此外，在文中也引用陳雅美及李玉春對於長照系統的看法，皆顯示政府需要建立完善的長照資源照顧體系。故選項（4）亦為答案之一。

現在不做長照，再晚就來不及了

問題一　解答 »

正確且完整答出「醫療」、「社福體系（長照）」兩項答案。

在「從整合醫療與長照開始」第五段，陳時中提到：「我當部長最重要的使命，是『整合』好系統。從我寫醫療政策白皮書時，就把醫療、長照及兩個體系的整合當作最重要的任務」。

問題二　解答 ❷

在「從整合醫療與長照開始」第八段，陳時中提到：「我上臺就宣布，不再劃分醫療或長照，而強調病人的『照顧』為一體：病人有任何需要，專業就填入，不再分你我，建立以『人』為中心的社區照顧體系。」可以得知重視病人的照顧，為其整合醫療與長照的主要信念。

問題三　解答 ❶

「從社區到醫院的改變」第三段中，說明長照政策 2.0，會於社區廣布長照 ABC，並鬆綁限制，加速長照機構布點。而在後續段落中，陳時中也提到：「希望失能者留在社區越久越好，最終無法照顧才到機構」，強調在政策設計上希望社區接手病人照顧，使民眾能就地老化，就近使用長照資源。

問題四　解答 ❷

在文章後半段中，陳時中提到政府面對「機構」跟「在地老化」的兩難問題時，認為「在資源分配上有先後」，要先布好社區資源才能讓機構進場。此外也正透過頒布法律，解決重症照顧的民間機構不足的問題，故選（2）。

問題五　解答 ❸

在「照顧人力缺口，如何解決？」段落中，陳時中認為照服員的人力不足問題，除了改變薪資支付制度，也應藉由晉升及獎勵方式，鼓勵社會人才投入照服工作，連帶教育體系也要有相關照服員技職教育與實習，故選（3）。

城市與偏鄉的老後

問題一 解答 ❷

本文先以乘車補助、設立共餐據點為例，說明長者參與社會能延緩失能，接著提到設立的共餐據點是以「每個長者走路十分鐘的範圍內」為目標，可見政府希望能夠讓長輩在自己原本居住的地方生活。接下來的段落也可以看到「在社區度過老年生活，臺灣正在起步」、「將服務送進家門內，是提倡在地老化、讓人『安心』的關鍵」等敘述，可見長照系統在地化，能夠「解決照顧模式過去不貼近長輩生活的問題」。

問題二 解答 ❶❸

「一起吃飯，身心更健康」段落中敘述：「一個人進食，不但吃得少，還會慢慢憂鬱，但一群人會邊聊邊吃」、「並派駐個案管理師參與評估和轉介資源……依照個人需求量身打造」。作者亦提及：「活得長、健康的時間也要長，以延緩失能，是長照體系中很重要的一環」。故選項（1）和（3）皆為正確答案。

問題三 解答 ❶

本文先簡述長照 2.0 是「以 A、B、C 三級串聯服務，建立系統化社區整體照顧模式」，並試圖改善過去各種機構各自發展、服務分散的現狀。不過作者接著提到「因為過於匆促，長照 ABC 三級模式，需要更多時間填補空白」，並以立心慈善基金會現況為例。此外，從雲林縣的例子也可以看到「推估失能人口超過兩萬九千人」，但是目前「能提供的能量，只有三千人左右」，可見人力資源的需求量遠超過能提供的量。綜上所述，可以得知選項（1）為答案。

問題四 解答 ❸

本文首先提到「林金立從日本引進的『自立支援』照顧技術」，而要進一步了解何謂自立支援，則可以從「同仁仁愛之家」的例子中得知。作者於「社福與醫療資源大整合」段落中提到「進入同仁仁愛之家，更能了解自立支援的意義……開始自行吃飯，達到生活瑣事都能自己來」，由此可知，「不過度照顧長者，而是從旁協助長者自理生活瑣事」即為「自立支援」照顧技術的概念。

問題五　解答 ❶

作者先說明長照 2.0 如何「以 A、B、C 三級串聯服務，建立系統化社區整體照顧模式」，文中亦提到林金立「將 A 定位為服務協調者、B 是區域服務開發和專責分工，C 則是預防失能及衰弱衰老服務」，並解釋長照 2.0 的設計流程。由此可見，在經過調整的長照 2.0 中，不同層級的單位即會負責不同的任務，讓服務不再像過去一樣分散，進而推知長照 2.0 以 A、B、C 來區分各個單位，是為了「透過服務的整合、分工，使長照資源能被更完善的利用」。

誰說年輕人不做長照？

問題一　解答 ❷

文中提及紀金山教授「參照日本的照顧咖啡館，以『社會企業』的營運模式落地臺中」，而根據本文內容，可以得知「有本生活坊」希望能夠解決「長照資源『找不到、等不及、不好用、不合用』」等問題，因此除了協助家屬與串接長照之外，更走入社區，發掘長輩的生活變化或潛在需求，補足長照服務的不足。綜上所述，答案選（2）。

問題二　解答 ❸

文中敘述「他參照日本的照顧咖啡館，以『社會企業』的營運模式落地臺中……長照要永續，不能光靠政府資源，得能自己『呼吸』……營運四個月已近損益兩平」。以及文末主題探討單元中，形容「社會企業」是一種可以同時具備社會關懷與獲利的公司型態組織，可知有本生活坊靠提供咖啡、微居服等商品及服務，為的就是永續經營，自己「呼吸」，同時能實現社會責任，又不會輕易虧損倒閉。

問題三　解答 ❶

作者在文中提到：「咖啡館開幕約八個月，已協助不少家庭連結自費或政府的長照資源，且服務多在三天內到位；大大的抒解了家屬過去申請長照資源的慌亂、繁瑣與漫長」。因此答案選（1）。

問題四 解答 ≫

正確答出與「積極走入社區，與社區長輩頻繁互動」、「建立信任」等相關答案。

可參考「從詐騙集團到長照便利店」段落。

問題五 解答 ❹

可參照文中敘述：「開幕三個月後，他們提出『微居服』的自費服務……店員就出動，補足政府長照服務不見得具備的彈性。」

問題六 解答 ❹

文中敘述有本生活坊「目前四個正職店員，都是不到三十歲、社工系或老人福利系的畢業生」，可知在店內提供服務的皆為年輕人，且創辦理念就是希望「讓青年踏入長照、老年得到照顧」。從「年輕人不做長照？這裡打破魔咒」段落可知，有本生活坊提供年輕人就業機會，並運用自己的「照護」專業，更可以學習其他技能，形成互利的關係。

入住率第一的高齡住宅！

問題一 解答 ≫

正確答出「照護、住宅、餐廳、教室、玩樂場」其中三項答案。

從文中第一段可得知，銀木犀本身是一棟高齡住宅，兼有「住宅、照護」的功能。此外，讓住戶和客人共餐、孩子可以玩樂的場所、瑜伽舞蹈課程的設計，更可以看出銀木犀具有「餐廳、玩樂場、教室」的功能設計。

問題二 解答 ❸

在「創造鄰里想來的空間」段落中提及：「與其刻意創造活動，不如自然的創造空間，就能讓大家跟住民一起互動」。以及「失智不是世界末日」段落中，從糖果屋與小火鍋店的設計構想便可得知，銀木犀並非是單純的養老院，更是讓住戶能夠與周遭鄰里一同互動的空間。由此可推論答案為（3）。

問題三　解答 ≫

正確答出與「患者會因外在因素覺得自己無用」相關答案，如「周遭對患者不友善的態度」、「職場不願意僱用患者」、「社會缺乏對患者的協助措施」等。

在「失智不是世界末日」段落中提到：「很多人覺得一旦失智就完了，其實失智症惡化很大的原因是環境，不改變周遭的態度，他們是不會快樂的」，可知下河原認為失智症惡化在於對失智症患者不友善的環境，使得他們覺得自己沒有用處，並以旁人對失智症患者的態度作為舉例。

問題四　解答 ❶

從文章中可以得知，銀木犀的設計理念，是讓老人在沒有太多生活限制與醫療控制下，持續獨立日常生活，也讓他們培養成就感與願意嘗試的心態。因此可以推論，銀木犀的宗旨有助於達成「讓老人維持基本生活自理」的目標。

問題五　解答 ❷

從文章末段可知，透過 VR 模擬，親身體驗失智症的各種症狀，讓體驗者理解患者的處境，進而改善失智症在社會大眾眼中的刻板印象。綜上所述可得知答案為（2）。

第三人生再度燦爛

問題一　解答 ❷❺

從「第三人生，讓長壽成為祝福」段落可知，凱利所使用的「Act」不僅在名詞上指劃分戲劇段落的「幕」，當動詞時也有「行動」的意思。因此可推斷答案為（2）與（5）。

問題二　解答 ❸

從「第三人生，讓長壽成為祝福」段落可知，第三人生指的是能夠再次成長、讓心境更成熟、擺脫世俗眼光，也能發展出真正的興趣，並且能助人、傳承、貢獻自己。因此選項（3）最符合「第三人生」的精神。

問題三 解答 ❹

根據珍・芳達提及的「爬階梯模式」可得知，雖然隨著歲數漸長，老化也代表著肉體的衰亡，但階梯模式可以讓老年人獲得精神充實和內心平靜，創造出全新的人生巔峰，也就是凱利所提出的「第三人生的身心狀態」。題目中的圖表，代表「身」的黑線，隨著時間經歷了中壯年的巔峰，於老年逐漸下滑；而代表「心」的橘線則隨著時間不斷攀升。因此可以推論「第三人生的身心狀態」應為黑線下滑但橘線攀升的「D」區塊。

問題四 解答 ❹

作者在文中引用了美國退休協會（AARP）執行長詹金斯、愛爾蘭成人教育學家凱利、台積電董事長張忠謀、日本趨勢大師大前研一、美國影星珍・芳達等專家名人的言論或研究，來探討「第三人生」的概念與相關論點。因此答案為（4）。

罹癌後的人生

問題一 解答 ❶

在「小孩背不動，驚覺體力大不如前」段落中提到：「葉金川從哈佛大學流行病學所畢業，回國就風風火火走進職場……跟多數人一樣，運動也成為生活中不太重要的小事。」由此可知，繁忙的工作使得葉金川沒有時間運動。

問題二 解答 ❶

從「小孩背不動，驚覺體力大不如前」段落中可以推知，葉金川把攀登百岳列為夢想清單的第一條，源自於其學生時代登山的興趣，故選項（1）為正確答案。

問題三 解答 ❸

可以參考「六十五歲罹癌，越老越會玩」的段落。同一段亦提到「如此突然，竟是因為騎自行車摔車，肩胛骨關節脫臼」。由此可知答案為（3）。

問題四　解答 ❹

可由「六十五歲罹癌，越老越會玩」段落推知，葉金川形容花蓮是「天堂」的原因，是該地有高山可以攀登，又有溪流可以划獨木舟，變化多端，故選（4）。

問題五　解答 ❶

文章後半段提到：「老化是必然……要想『老而不衰』，就得靠運動」。由此可知，葉金川積極從事運動，是為了避免三高、失能失智，故選（1）。

白髮穿搭迷倒全球八十萬粉絲

問題一　解答 ❶

根據本文開頭的敘述：「兩年半前，他們開始玩 Instagram，只是為了記錄夫妻生活」，可知本題正確答案為（1）。

問題二　解答 ❷

關於 bon、pon 夫妻改變穿搭的描述，可以參考「接受白髮，挺直腰桿玩穿搭」段落，依此推論兩人改變穿搭的原因，是想藉由簡單又時髦的衣著元素，擺脫「老爺爺、老奶奶」的形象，故（2）為正確答案。

問題三　解答 ❶

從「一天兩餐，一起做『廣播體操』」段落可知，面對能夠增加收入的業配，兩人大多予以拒絕，因此選（1）。

問題四　解答 ❹

本文開頭段落提到：「在廣告公司做設計的 bon，時常工作到半夜……但工作內容卻幾乎沒變，讓他決定提早退休」；接著又在後續段落中，提到他們與服飾品牌合作圓夢，接受採訪、寫作出書等描述。由此可知，兩人退休後仍努力經營生活，且「攜手嘗試以前沒做過的事」，故選項（4）為正確答案。

靠老屋、舊街、小農三寶，地方創生讓鄉鎮回春

問題一　解答 »

正確且完整答出與「人口外流、人口老化」相關答案。

根據文章開頭提到都市黑洞的問題，可知目前面臨「大都會將鄉村人口吸去」的困境，也就是「人口外流」。另外，臺南後壁案例中也可發現該地面臨「六成老人、人口外流嚴重」的問題，因此「人口老化」亦為正解。

問題二　解答 ❹

文中提到仕安社區「打破過去避談『錢』的社造思維」，並可從合作社營運模式發現盈餘回饋機制獲得好評，因此可知，臺南後壁合作社打破「不考慮商業盈利的社造思維」與「仍需要政府補助的依賴心態」相反。另外，根據其他案例可得知成功的地方創生應該與時俱進、媒合人才，但因為不符合臺南後壁模式，因此不是本題正解。

問題三　解答 ❶

在「將地方痛點轉化成商機」段落中，林鍵樺認為「政府與其給補助，不如幫我們牽線和企業連結，走出社區把產品打出去」；在「從怎麼『花錢』到如何『賺錢』」段落中，曾旭正認為「釋放地方型大學的研究能量，扮演地方政府的智庫」。由上述可推論，在地工作者認為政府應該協助地方與大學、企業連結，而兩段描述都較符合「牽線」的角色，因此答案選「仲介」。

問題四　解答 »

正確且完整答出與「（鼓勵企業）協助地方發展」相關答案 。

在「從怎麼『花錢』到如何『賺錢』」段落中可知，對日本政府而言，故鄉稅可以鼓勵地方發展；對於日本企業而言，則是協助地方發展。綜合起來，則是日本政府鼓勵日本企業，讓企業協助地方發展。

問題五　解答 ❶

南投竹山的案例，主要以「老屋」為基礎進行轉型，並加上現代科技與行銷。
臺南後壁的案例，主要以「農村」為主，並轉型成為「合作社」，納入商業模式。
臺中中區的案例，當地活化「老城區」的建築，挖掘故事並改造成可使用的空間。
這三個案例皆「結合當地的特色」，以及試圖尋找「獨立運行的商業模式」。

不會說族語的賽德克青年

問題一　解答 »

正確且完整答出與「讓年輕人留下來的盈利模式」相關答案。

可參照「青年鮭魚返鄉、尋找定位」段落中的相關論述。

問題二　解答 ❶

參照「地方創生本是部落精神」段落：「賽德克族沒有頭目，遇到事情是共識決……我們只需要『恢復』，就是屬於我們的地方創生」。根據上下文推論，地方創生精神與賽德克族祖訓不謀而合，相同處便在於「互助共好」、「讓每個人適得其才、適得其所」。因此，較適合的答案應為（1）。

問題三　解答 ❶❷❸

在「青年鮭魚返鄉、尋找定位」段落中，可以找到雙方討論出的定位為「生態部落」，並且從王嘉勳的發展策略，可以發現「自然農法」、「食農教育」、「多元生態」等，與「生態」相關的策略。

問題四　解答 ❷

王嘉勳重拾東岸部落的特色——曾經是蝴蝶棲息地，並且發展出文創、生態及文化旅遊、農產、美食等面向。可以得出王嘉勳的策略與地方脈動息息相關，因此最適合的答案應與「扣緊地方特色」有關，選項中只有（2）符合敘述。

問題五　解答 ❸

根據「青年鮭魚返鄉、尋找定位」段落：「因為經濟緣故必須出去……二十五歲回部落當登山嚮導，後來被王嘉勳說服加入社區營造的行列……他將幾位大學同學一起拉進來……組成團隊」，因此答案應選（3）。

一份留給中興新村的美好

問題一 解答 ❷

根據文本，伍言中說：「自從我們開店之後，有趣的事情開始發生了。有一點像是強迫你要融入你的社區。身為一個在臺灣的外國人，這是我走進社區的一條路，有了一個公眾形象，也能參與社區發展」。由此可知（2）為正確答案。

問題二 解答 ❷

伍言中描述英國地方創生青年「似乎有無窮的精力……因為他們相信能夠改變自己的社區，讓自己的家鄉變成更好的地方」。伍言中還指出這種起心動念不會消失，因為「你住在那裡」、「從情感出發」，由此可以知，正是這樣的認同感確保了地方創生的延續。

問題三 解答 »

正確且完整答出與「幼兒園強調成績、功利導向」相關答案。

文中段落明確描述兩人婚後一同在中興新村的幼兒園教書，後因不認同園方以成績為導向的教學理念，才開始萌生創業念頭。

問題四 解答 ❹

伍言中一開始認為燒紙錢的拜拜文化「未免太過功利導向」，不過他後來理解到燒香作為兩個世界溝通思念的儀式，便開始學會品嘗其中的文化之美。這種態度的轉變是發自內心的，從抗拒到接納、並且欣賞。因此他最後說：「光看表面，當然有些膚淺的層面，但當你把表面剝掉後，就會看到很有趣的東西。」

問題五 解答 ❸

伍言中夫妻倆為了讓老舊社區重生而推動的「In the Room」計畫，以餐廳為核心，透過一連串的行動，希望讓更多人能認識並參與中興新村的過去、現在與未來，創造社區的聯繫。因此本題需選擇與在地有關的活動或產品，其中選項（3）因臺灣省政府正位於中興新村，是適合的選項。

政府、市場、服務「三不靈」！

問題一　解答 ❷

根據本文描述：「未來二十年，農村偏鄉將落入少子化、人口外流、地方產業消失的惡性循環，甚至面臨滅村危機」，若單以人口的「推力」來看，產業落後導致的就業機會缺乏，是較為直接的原因。

問題二　解答 ❸

根據本文描述：「偏鄉交通屬於公共運輸政策的一環，公共運輸有外部性，難以用市場機制形成穩定的供給與足量的需求」。偏鄉因為人口少，交通的需求相對較不穩定，然而交通屬於公共財，為了保障每個人的交通權益，交通費用又不能全然以供需法則的市場機制來決定，如此便導致偏鄉交通行業難以獲利，往往需要政府的介入與協調。

問題三　解答 ❹

由文中敘述：「社區接送的鄰里互助行為，因為缺乏法規保障，也沒有保險機制，萬一造成車禍意外或消費糾紛，乘客將投訴無門」，可知答案為（4）。

問題四　解答 ❷

作者從政府、市場、服務來分析「交通」問題。根據文章，市場與服務失靈能透過政府完善交通計畫與法規來解決，因此政府的失靈便是主要因素。政府因不理解偏鄉真實交通需求，無法整合資源，制定良好改善計畫，因此花費大筆預算成效卻有限。政府聆聽當地民眾聲音、研究當地交通需求會是根本解決之道。

問題五　解答 » 正確且完整答出「A、B、C」。

作者首先定義「政府失靈」、「市場失靈」與「服務失靈」，接著分別描述與分析「政府失靈」與「市場與服務失靈」。例如他描述政府失靈為「公路總局每年花費大量預算在補貼偏鄉公車、幸福巴士與幸福小黃等不同載具的營運」，進而分析「不了解偏鄉人民出行的需求樣貌，政府過度以供給面來提供資源」，不過他並沒有針對這些問題提出具體的建議。

老街上大家賣的都一樣

問題一 解答 ❶

根據本文：「因為我們很習慣各做各的。老街上大家都開冰店、或賣一樣的手工藝品。」可以得知，作者認為臺灣老街的業者常常各自為戰，缺少互相拉抬，以及以整體發展為目標的概念，因此難以凝聚發展力量，形成好的成果。

問題二 解答 ❷

作者認為「互相拉抬」是地方創生經營的重點之一，接著以日本日光的小人國為例，將其做法作為「互相拉抬」的論據。

問題三 解答 ❹

作者在文中提到的第二個重點是「肥水不落外人田」，後又延伸到「地產地銷」的概念。他指出農業地區的農產品大都銷到外地，因為透過盤商，農民的獲利空間受限。而日本「道之驛」則提供了農民在家鄉就地販賣農產品的平臺，實現地產地銷、肥水不落外人田的目標，改善農民生活。

問題四 解答 ❷❸

作者在文中指出：「但若講地方創生的廣泛涵義，都市也是有比較偏僻、不繁華的地方……其實地方創生的概念不僅能運用在偏鄉，某些都市的老舊社區，也可以再活化」，這是對地方創生「範疇的迷思」；另外又談及：「大家談『文創』，好像以為要像華山、松菸、或高雄駁二那樣，才算有模有樣，但其實像臺東的鐵花村，小地方也在努力」，這是「做法的迷思」。

問題五 解答 ❶

本文先講述創生案例，再談問題與解決方向，皆是沿著「業者」、「地方」、「能做什麼」的脈絡，因此推論主要的閱讀對象為地方業者。若對象為「政府單位」，應指出現行做法與法規的建議；「學術機構」則該強調問題探究；而透過「衡量自己的實力和財力。因為任何偉大的事業，都是從最小的事開始」這樣的語句，可以排除跨國經營布局的「跨國企業」。

爆紅式打卡熱點算地方創生嗎？

問題一　解答 ❸

內文提到：「每間特色店家應該努力建立對的消費客群……創造永續共生模式」，作者以此總結佳佳西市場旅店因為爆紅而帶動周邊快速興起，卻因未能與地方形成良好的永續發展模式，最終客群流失，面臨經營困難。

問題二　解答 ❸

作者以佳佳西市場旅店和珮柏佳佳為例，說明地方永續發展差異：「以珮柏佳佳來說，經過四年深入在地團體耕耘，去年透過里民意識正式轉變為旅館；同時間，佳佳西市場立基客群卻與正興街漸行漸遠……爆紅式打卡熱點多會帶來消耗性消費。」道出正興街地方創生無法形成永續模式的關鍵因素。

問題三　解答 ❶

文中寫道：「蜷尾家是『相機先吃』的打卡點；正興咖啡賣最好的是外帶」，顯示作者認為兩家店客群屬於消耗性消費；而「佳佳西市場立基客群卻與正興街漸行漸遠」這句話，則將佳佳西市場旅店與前兩者區隔開來。

問題四　解答 ❸

本文旨在探討佳佳西市場旅店走向熄燈歇業的原因，並總結出失敗經驗，之後又舉珮柏佳佳為例：「經過四年深入在地團體耕耘，去年透過里民意識正式轉變為旅館」，完善了佳佳西市場旅店未妥善處理的工作，並透過此例指出「放慢腳步，妥善溝通，累積正確客群，創造永續模式」的重要性。

問題五　解答 ❷

根據本文，良好的地方創生需要「累積正確客群，創造永續模式」的觀念，並需以產品與服務的價值優先，突出地方特色，再轉化為市場能接受的形式。此做法與以市場優先模式不同，因強調獨特的文化與價值並非市場普遍的需求，因此往往需要長時間的經營與教育，才能形塑自己在消費者心中的價值。

循環經濟模式崛起　廢棄物華麗變身

問題一　解答 ❹

參照文章第一段：「現在，強調『把廢棄物轉換為再生資源』的循環經濟模式崛起，成為世界各國蓬勃發展的新趨勢。」故答案為（4）。

問題二　解答 »

正確且完整答出與「電力來源為綠色能源」相關答案。

可參考文中敘述：「電動車是許多國家與業者積極追求的永續解法之一……電動車成為潔淨的運輸選項的前提是，其電力的來源為綠色能源。」

問題三　解答 ❶

根據「生質天然氣成為選項之一」段落敘述：「生質物分布範圍廣而儲藏量大，具有發展再生能源的優勢」、「使用生質能可視為一個封閉式的碳循環，即總體能源轉換達到零碳排」，可知生質物能源的優勢為選項 A、D。

問題四　解答 ❷

本文以瑞典生質能源廠作為成功範例，說明將生質物轉變成能源的過程。並提及英國與瑞典嘗試以生質天然氣為運輸燃料、瑞典車商 Scania 積極發展以非化石燃料為動力的汽車，以降低二氧化碳排放量等事例。

汙染城變生態城

問題一　解答 »

正確且完整答出「繁榮／財富」等相關答案，只答「彩虹」視為答案模糊不正確。

參照文章第六段可知答案。

問題二　解答 ❸

根據第九、十段，是因為一群母親擔心小孩的健康，蒐集樣本進行研究，製作汙染物報告，促使市政府和工廠重視汙染問題。

問題三　解答 »

正確且完整答出「政府、企業、民間組織的合作」。

文章第十一段提到：「北九州市副市長梅本和秀指出，汙染問題能被解決，主要是政府、企業與民間組織三方，是以合作而非批評的方式溝通。」

問題四　解答 ❶

文章後半段描述北九州市在 2010 年成立亞洲低碳研究中心，致力於將「北九州模式」向全世界輸出。迄今已有來自五十多國、兩百位專家到北九州，學習如何減少汙染也能獲利的方法。

問題五　解答 ❷

根據第十七段，鋼鐵廠的廢爐渣經過處理，分離出有害物質，剩下的無害爐石再用來填海造陸，北九州機場就是實例之一。可知答案為選項（2）。

循環經濟變魔術

問題一　解答 »

正確且完整答出與「完成第一個二氧化碳循環再利用零排放的案例」相關答案。

根據本文第一、二段描述可知答案。

問題二　解答 ❶❷❹

根據內文，台塑集團首先建立整合六輕所有工廠的資訊流、物質流、能量流平臺，接著建立不同公司之間的供需鏈，以合約規範彼此的權利義務與利益，並確保每次變動都不會影響到生產、品質及安全。

問題三　解答 ❹

根據最後一段，二氧化碳零排放的循環經濟模式，每月省下六百多萬的費用。另外可把多餘的二氧化碳賣給其他公司，增加收入。

問題四　解答 ❷

循環經濟強調「把廢棄物轉換為再生資源」，本文以台塑六輕的工廠為例，說明如何循環再利用工廠產生的二氧化碳，達到二氧化碳零排放，減少環境汙染。因此答案應為選項（2）。

荷蘭打造循環經濟新矽谷

問題一　解答 ❶

根據文中卡洛斯親王的解釋，荷蘭高度依賴進口原物料，轉型為循環經濟可讓荷蘭遠離國際政治和經濟危機。再綜合 TNO 對轉型的估計，可知循環經濟能減少原物料消耗，減少依賴進口原物料，進而降低外國對荷蘭經濟的影響。

問題二　解答 »

正確且完整答出與「資源耗損大、廢棄物多、溫室氣體排放量大，可測試循環經濟產品、服務和商業模式」相關答案。

可參照「前置作業——對整座城市進行『資源掃描』」段落。

問題三　解答 ❷

根據「企業為主、政府為輔——四十家企業組循環基金會」段落前四段敘述可知，政府與企業合作，才能達到「系統性的改變」，使循環經濟模式順利實行。

問題四　解答 ❶

根據文中引述卡洛斯親王的專訪段落可推論，只顧賺錢而浪費資源的作為，反而變成企業負擔和風險，使用循環經濟模式不僅能減少資源耗損，還能使企業賺錢，因此選（1）較能用來說服企業。

問題五　解答 ④

文中敘述荷蘭面臨天然資源缺乏，需要能夠使國家永續發展的經濟模式。而美國、中國、紐西蘭的天然資源豐富，是天然資源的出口國。新加坡則是「城市國家」，國家土地面積小，所有原料幾乎仰賴進口。

甘蔗渣吸管很環保？

問題一　解答 »

正確且完整答出「甘蔗提煉蔗糖剩下的廢棄物、PLA」。

根據本文第三段：「乍看之下，用甘蔗提煉蔗糖剩下的廢棄物製作吸管，比塑膠吸管環保多了，但實際上，現行技術沒辦法百分之百用甘蔗渣做吸管。所謂的甘蔗渣吸管，是添加了 PLA 才能做成吸管」，可知甘蔗渣吸管的成分為甘蔗提煉蔗糖剩下的廢棄物及 PLA。

問題二　解答 ❶❹❻

選項（1）：第六段指出「PLA 來自玉米、樹薯等植物……」。
選項（4）：第四段指出「PLA 需要在特殊環境下才可能分解」；第五段指出「PLA 必須在特定的溫溼度環境、特殊的厭氧環境下才可能分解」。
選項（6）：第六段指出「分解過程中會釋放甲烷，最後變成二氧化碳與水」。
其餘選項在本文並無提及。

問題三　解答 ❷❸❺

選項（2）、（3）：第三段指出臺灣垃圾回收體系無法處理添加 PLA 的甘蔗渣吸管；第四至第五段說明臺灣堆肥設施處理 PLA 的困境。綜上所述，因甘蔗渣吸管成分並非完全天然，且臺灣沒有能力處理，所以不環保。
選項（5）：文章結尾指出「海龜、海鳥吃塑膠，問題不是在材質，而是亂丟、濫用……」，可知作者認為濫用亂丟甘蔗渣吸管同樣也不環保。

問題四 解答 ❹

根據「問題不是材質而是濫用」段落：「原罪不是 PLA……也許有一天石油沒有了，我們需要用植物去替代塑膠，所以鼓勵 PLA 持續發展與研發是對的。」以及：「真正的環保是減少浪費、濫用，並且讓循環經濟能夠不斷運行。」可知作者認為未來仍需研發新的材料，現在開始減少浪費及濫用，才是真正的環保。

問題五 解答 ❶

作者認為「真正的環保是減少浪費、濫用，並且讓循環經濟能夠不斷運行」。因此可推論，民眾必須購買垃圾袋才能丟棄垃圾之做法，可以確實達到垃圾減量。其餘選項皆與作者認為的真正環保，減少浪費濫用觀念無關。

後疫情時代新哲學：夠了就好

問題一 解答 ❸

根據本文：「人們驚覺，原來地球經過短暫排毒，可以如此迅速回復清淨」、「冰封全球的疫情，是對人類的提醒……也明白該是時候轉向更永續、簡單的生活方式」，可知其意義是「使人們反思現有的生活方式」。

問題二 解答 ❹

根據「遭逢人生劇變，從都市回到自然」段落中的描述可知，作者認為追求「資本主義邏輯」使人欲望膨脹，造成地球資源耗損。

問題三 解答 ❹

根據本文描述「樸門融合了永恆、農業和文化的觀念……藉由觀察與模仿自然運作的模式，學習以『順天應人』的方式，設計出讓人們在環境中能充分獲得食物與能量的系統」，樸門的志工根據這樣的理念，過著順應自然的生活。

選項（1）：指孔子不問鬼神之事。

選項（2）：指君王應把天下百姓擺在第一位。

選項（3）：指社會上無差等的愛，便能阻止戰爭動亂。

選項（4）：指實行小國寡民的制度，人人安於現狀，是一種順應自然的表現。

問題四　解答 ❶

文中點出樸門三大理念：照顧地球、照顧人類、資源公平共享，接著指出「社會設計」的概念，即永續發展、友善環境，像是重複使用物品、食用當季的食材。綜上所述，《佐賀的超級阿嬤》的主角外婆愛惜食物，不論食物外觀美醜都撿來做成餐食，最似本文所述理念。

問題五　解答 ❶

根據文中敘述：「後來因為參與社運，他發現社會設計這個領域，社會上有越來越多人重視以永續的方式來改造社會」，可知「永續發展」是社會設計的理念。

題目設計｜品學堂
責任編輯｜李幼婷　特約編輯｜劉握瑜　美術設計｜丘山　行銷企劃｜葉怡伶

天下雜誌群創辦人｜殷允芃　董事長兼執行長｜何琦瑜
媒體暨產品事業群
總經理｜游玉雪　副總經理｜林彥傑　總編輯｜林欣靜　行銷總監｜林育菁　副總監｜李幼婷
版權主任｜何晨瑋、黃微真
出版者｜親子天下股份有限公司　地址｜臺北市 104 建國北路一段 96 號 4 樓
電話｜（02）2509-2800　傳真｜（02）2509-2462　網址｜www.parenting.com.tw
讀者服務專線｜（02）2662-0332　週一～週五 09:00~17:30
讀者服務傳真｜（02）2662-6048　客服信箱｜parenting@cw.com.tw
法律顧問｜台英國際商務法律事務所 羅明通律師
製版印刷｜中原造像股份有限公司
總經銷｜大和圖書有限公司　電話（02）8990-2588
出版日期｜2021 年 5 月第一版第一次印行
2024 年 8 月第一版第六次印行
定價｜120 元　書號｜BKKCI024P

訂購服務
親子天下 Shopping｜shopping.parenting.com.tw
海外・大量訂購｜parenting@cw.com.tw
書香花園｜臺北市建國北路二段 6 巷 11 號　電話（02）2506-1635
劃撥帳號｜50331356 親子天下股份有限公司

優質文本 X 深度理解

從閱讀梳理思路，培養解決問題的學習力

《閱讀素養題本》每道提問均有清楚具體的評量目標，分為「擷取訊息」、「統整解釋」、「省思評鑑」，配合詳解，能幫助讀者辨識文本重要結構，充分了解文章意涵與背後假設，並結合自身經驗提出個人觀點。期待讀者透過題目的引導，更進一步的理解選文，有效提升閱讀素養與思考探究，從而獲得面對生活各種問題的關鍵能力！

題目設計團隊　品學堂

2013 年，品學堂《閱讀理解》學習誌創刊，全力投入閱讀評量與文本的研發；以國際閱讀教育趨勢與 PISA 閱讀素養為規範，團隊設計的每一篇文本與評量組合，即為一次完整的閱讀素養學習。為孩子與教學者，提供跨領域閱讀素養教學教材及線上、線下整合的學習評量系統。

為推動全面性的閱讀素養教育，品學堂也走向教學現場，與各級學校和教育主管單位合作，持續為教師提供閱讀教育增能研習，同時為學生開辦營隊。期望讓我們的下一代能閱讀生活、理解世界、創造未來。